中華文化思想叢書

晚清媒介技術發展與傳媒制度變遷

下冊

陳鋼　著

目次

第四章
媒介技術發展對社會傳播習俗的重塑

　　縱觀人類社會發展的歷史，每個民族都有該民族自身得以在漫漫的歷史長河裏生息綿延的密碼。從傳播學的角度看，這個密碼可以理解為傳播習俗。傳播習俗是指特定的社會歷史條件下，在傳播活動中形成的各種慣習與風俗。它雖然不是傳媒制度的直接組成部分，但對傳媒制度卻是影響深遠。那兩者之間究竟有著何種勾連？

　　汪丁丁在《經濟發展與制度創新》一書中指出：制度包括正式的規則和非正式的規則。[1]潘忠黨認為制度即「定義、制約和促成社會個體行動和互動的正式或非正式規則」。[2]諾思也認為，正式規則，即便是在那些最發達的經濟中，也只是型塑選擇的約束的很小一部分（儘管非常重要）。在我們與他人的日常互動中，不論是在家庭內部，還是在外部的社會交往中，還是在事業活動中，支配結構的絕大部分是由行事準則（codes of conduct）、行為規範（norms of behavior）以及慣例（conventions）來界定的。[3]

　　也就是說，作為社會公認的維繫團體生活和人類關係的法則和社會行為模式，制度既包括在特定的社會活動領域中比較穩定的、成文

1　汪丁丁：《經濟發展與制度創新》（上海市：上海人民出版社，1995年），頁3-4。
2　潘忠黨：〈新聞改革與新聞體制的改造〉，《新聞與傳播研究》1997年第3期。
3　道格拉斯・C・諾思撰，杭行譯：《制度、制度變遷與經濟績效》（上海市：格致出版社／上海人民出版社，2008年），頁50-51。

的、理性化的正式社會規範體系，也包括風俗、習慣、道德、文化、價值觀念等不成文的非正式規則。尤其是非正式規則，與該社會所由以生長的文化聯繫非常密切，因而具有整體性和穩定性。任何正式規範的有效性、複雜性、適應性或由此形成的相關問題，都無法脫離非正式規範的基本框架。比如中國古代語境中的「禮」、「俗」之間的關係就是一個鮮明的例子，作為制度性存在的條理清晰、責任鮮明的「禮」，往往來源於一般來說對人們生活起指導性而非指令性作用的規範形態——習俗。

借鑒上述理論可以發現，無論是媒體內部制度（包括內容生產機制和經營管理制度），或者是媒體外部管理制度，它們都既包括成文的正式規則，也包括潛在程序、隱性慣例等非正式規則。而且在傳媒制度結構中，非正式傳媒制度雖處於底層，但往往是正式傳媒制度的基礎，沒有這些非正式傳媒制度，正式傳媒制度往往難以正常運作。同樣，非正式傳媒制度自然也不是空中樓閣，它就建基於社會傳播習俗這個基礎結構之上。或者說，傳播習俗是傳媒制度的社會環境[4]，所以傳播習俗本身就是重要的——所以既不能簡單地將之視為傳媒制度的附庸，更不能割裂兩者之間的關聯。

因之，考察媒介技術發展對晚清社會傳播習俗的重塑，能夠使目光不僅駐留於傳媒制度本身，還可以透過傳媒制度探尋其背後更為廣闊的社會文化，從而使研究更為深入。美國社會學家薩姆納（W. G. Sumner）就認為，社會制度是由民俗和民德所交織形成的社會行為體系，這種行為受到社會的規範和制約，得到民眾的認可並具有穩定的程序和步驟。而自雷德菲爾德（Robert Redfield）的《農民社會與文

4　這裏用「傳媒制度的社會環境」而沒有用表述更為簡潔的「傳媒制度環境」，是為了避免和制度經濟學裏面的「制度環境」的所指相混。

化》[5]一書出版後，關於「大傳統」和「小傳統」[6]的說法更為我們理解習俗的作用提供了一種有效的框架。那麼，晚清時媒介技術的發展是如何影響作為社會軟調控系統之一的傳播習俗，從而進一步影響傳媒制度甚而改變社會結構的呢？

第一節　媒介技術發展加劇傳播商業化

晚清是新陳交雜的重要時段，整個社會情狀斑駁。隨著近代化的報刊、出版機構、圖書館等文化設施的出現，社會輿論傳播工具發生了很大變化，各種傳播新觀念空前彰顯且勢態強盛。在目睹了西方媒介技術產生的巨大威力的同時，國內一些有識之士已日益感受到用機器取代人力不僅是科學技術的進步，也是社會發展的大勢所趨。尤其一八九五年甲午戰爭失敗之後，西方各種先進的印刷出版技術在國內進一步普及開來，知識階層的啟蒙運動已從理論層次落實到行動實踐，新式報刊與書籍迅速成為了「開民智、啟民德、鼓民力」的主要工作場域。

但同時，「工業化和商業化這兩個近代文明的根本標誌，在出版業中打下了深深的印痕」[7]，印刷出版機構也要以營利作為最高目的，對於利潤的追求促進了晚清印刷出版事業的發展，將其融入了近代經濟範疇。

5　Robert Redfield, *Peasant Society and Culture: an Anthropological Approach to Civilization* (Chicago: Chicago University Press, 1956).

6　所謂的大傳統指的是社會上層和知識階層所代表的文化，這些是由思想家或宗教家經過深思熟慮而提煉出來的文化樣式。它的體現方式是體現精英意志的制度和被這種制度推崇的經典作品。而與之相對的小傳統則指的是一般社會大眾，特別是民間日常生活中所體現出來的習俗性的生活文化。

7　王建輝：《出版與近代文明》（開封市：河南大學出版社，2006年），頁6-7。

一　媒介新技術引發傳媒事業新分工

　　亞當・斯密的《國富論》的第一章就是「論分工」,「勞動生產力上最大的增進,以及運用勞動時所表現的更大的熟練、技巧和判斷力,似乎都是分工的結果」,他甚至斷言,文明的民族之所以比原始民族較為富裕,就是因為前者有分工,後者沒有分工。「在一個政治修明的社會裏,造成普及到最下層人民的那種普遍富裕情況的,是各行各業的產量由於分工而大增」。他還指出,「國民財富增長的原因在於勞動分工;勞動分工節約了勞動在各個生產環節之間轉換工作的時間,簡化了每一環節上的操作從而提供了發明工具的機會,使每一環節上的操作成為重複動作從而極大地提高了操作熟練程度;分工雖然成百倍地提高勞動生產率,但分工受到市場廣度的限制。[8]

　　在《社會分工論》中,涂爾幹(Emile Durkheim)認為,社會容量和社會密度是分工變化的直接原因,在社會發展的過程中,分工之所以能夠不斷進步,是因為社會密度的恒定增加和社會容量的普遍擴大。[9]社會關係——確切地說,是社會內部關係——變得越來越多了,它們超出了原來的界線,擴展到了各個方面。因而,能夠進行相互聯繫、相互作用的人數越多,分工就越發達。如果我們把人們的相互結合及其所產生的非常活躍的交換關係說成是動力密度或道德密度的話,那麼分工的發展直接與這種密度成正比例關係。社會的凝聚性是完全依靠,或至少主要依靠勞動分工來維持的,社會構成的本質特

8　亞當・斯密撰,郭大力、王亞南譯:《國民財富的性質和原因的研究》(北京市:商務印書館,1972年),上卷,頁5-20。

9　埃米爾・涂爾幹撰,渠東譯:《社會分工論》(北京市:生活・讀書・新知三聯書店,2008年),頁219。

性也是由分工決定的。[10]

　　但借用分工理論來分析中國傳統刻書與印書活動卻可以發現一個奇怪的現象：中國古代雖有專門的刻工、印工，甚至手寫上版的寫工也掌握著較為嫻熟的專業化技術，但中國古代的印刷出版並沒有形成一個獨立的行業。中國各種傳統的出版機構，長期以家庭作坊形式和官辦形式進行生產和經營，經營體制和經營方式沒有多大變化，也就是說，中國古代印刷出版業尚未形成較為成熟的分工。

　　但到了晚清後社會職業構成發生了很大變動。這種變動不僅體現在傳統「士農工商」職業結構的異動，而且表現為整個社會職業範圍的擴大。整個社會在守舊與革新、傳統與反傳統、落後與進步、迷信與科學的相互爭鬥、相互融合中前進，人口的職業構成也在這一過程中劇烈變動。「士之於恒為士，農之子恒為農，工之子恒為工，商之子恒為商」的封閉結構終於被社會發展的潮流所衝破。中國近代人口職業構成形形色色[11]，究竟有多少種具體職業雖屬難考，但肯以肯定的是：非生產性的職業及從事此類職業的人口為數眾多。[12]這種人口

---

10 埃米爾・涂爾幹撰，渠東譯：《社會分工論》（北京市：生活・讀書・新知三聯書店，2008年），頁26。

11 《國民日日報》的一篇〈箴奴隸〉的文章將當時一億左右丁男的職業及人數進行了估算：公私奴僕一百五十萬，娼優五十萬，衙役五百萬，官親一百五十萬，官吏六十萬，讀書人一千萬，強盜八百萬，兵勇六百萬，農一千五百萬，工一千兩百萬，商一千萬，各局卡司事四百萬，罪囚一百萬，廢疾三十萬，乞丐五百萬，閒民兩千萬。參見北京大學歷史系《北京史》編寫組：《北京史》（北京市：北京出版社，1985年），頁356。

12 《忘山廬日記》中羅列了當時的各種人口職業：有業之民十四種，即士、農、工、商、官、兵、丁、幕、書、差、僧、道、娼、憂，無業之二種，即紈綺子弟、乞丐。此外尚有江湖無賴者八種六十類，包括占課、相命、算命、偽神仙、變戲法、賣藝、私刻印璽、詐騙訛索、以色誘人等。參見孫寶瑄：《忘山廬日記》（上海市：上海古籍出版社，1983年），上冊，頁794。

職業構成和社會分工形式自然是晚清政治、經濟、文化和科學發展的必然結果。

在傳媒行業，由於現代化的媒介設備的引進，勞動方式從手工作坊或個體勞動形態不斷向機器化的有組織的大生產勞動形式轉變，新的職業形式隨之產生。一八九五至一八九八年是近代中國傳媒業發展的第一個黃金時期，民辦報刊和出版迅速崛起，進入「民報勃興」[13]時期，並開「人民論政」之端。同時，這也是中國報刊業作為一種社會職業呈露雛形之時。雖說這種局面的出現與涂爾幹所講的「社會容量和社會密度是分工變化的直接原因」不甚相符，可其導致的結果，「的確使報刊成為了中國文人的一個主要謀生之所，在某種意義上，甚至是中國傳統文人向現代職業報人轉變的關鍵一步」。[14]新的印刷技術與人的結合也就是在這樣的邏輯下產生了新的文化組織形態，創造出一種新的改造社會的方式。

一八九八年，上海印刷業已開始使用日本仿製的歐式回轉印機，使得印刷工效大大提高。同時鉛印技術也日臻成熟，用紙型鑄鉛版可多次澆鑄而不裂，如印刷較多，可多澆復版同時拼印，再加上紙型的發明與使用，使得印刷更加快捷方便，從而大大加速了機器複製的速率，印刷出版的成本大大降低，各種新式報刊和書籍如雨後春筍般問世，越來越多的普通民眾能夠購買新式出版物。

新的傳播形式提供了廣闊的創作空間。大機器印刷所產生的巨大吸引力將資金和有寫作能力的文人統統吸納到相關事業中來，形成了一批專門從事新聞工作的專業人員，進一步豐富了中國近代社會的職業結構、壯大了新型知識分子隊伍。而且，印刷媒介的迅速發展意味著傳播信息需求量的大幅度增加。由於有大胃口的印刷機嗷嗷待哺，

---

13 戈公振：《中國報學史》（北京市：生活・讀書・新知三聯書店，1955年），頁113。
14 黃旦：〈報刊的歷史與歷史的報刊〉，《新聞大學》2007年春季號。

愈來愈多各種各樣的報刊版面開辦出來。報館書局為了在日益激烈的競爭中處於不敗之地，到處徵集優秀稿件。稿源的需求越來越大，稿酬制度自然應運而生。

晚清以前，文學創作者主要是達官貴族和文人墨客，儘管數量上也是多不勝數，但他們基本上都屬於業餘作家，一般都有比較固定的工作和相應的經濟收入，只不過是在工作之餘從事文學創作活動，寫作目的或是為了藏之名山的「立言」，或是怡情養性的消遣，總之是「著書不為稻粱謀」。一九〇五年九月，清廷詔準停止科舉考試，推廣學堂教育，歷時千年的科舉制度遂告廢除，從知識到權力失去了簡便通道，文人的生存方式不得不隨之改變。但文人唯一的特長是舞文弄墨，於是許多人加入寫作隊伍。一九一〇年清政府頒佈《著作權章程》後，進一步給職業作家的出現創造了條件，為失去科舉之路無所適從的文人拓展了生存空間，幫助他們從舊式文人的做官、入幕、教書謀生之路中解脫出來，使他們可以安心創作。他們在作品完成之後不是自費出版，而是向報館書局投稿，靠稿費養家糊口。對相當一部分人而言，報館書局的稿酬已經成為其收入來源的最主要組成部分。這樣在徹底改變了「著書不為稻粱謀」觀念的同時，也促使相當一部分知識群體逐漸擺脫了傳統文人對皇權的向心運動及依附狀態，職業或半職業的寫作者在當時社會成為一個新群體。

晚清時期，我國雖無關於稿酬的成文法律，但在傳媒行業，「有關稿酬標準、支付範圍及形式等問題，實際上已逐漸達成基本的共識，形成有規可循的慣例」。[15]近代稿酬制度的形成，是作品高度商品化、社會化的表現，也是我國傳媒事業在西方文化影響下逐步進入近代化運作階段的重要標誌。

---

15 郭浩帆：〈近代稿酬制度的形成及其意義〉，《山東大學學報》（哲社版）1999年第3期。

　　同時，整個社會對傳媒從業者的態度也在轉變。十九世紀後半葉，報社的主筆訪員還「均為不名譽之職業，不僅官場仇視之，即社會亦以搬弄是非輕薄之」。左宗棠甚至有「江浙無賴文人以報館為末路」[16]的評語。直到一九〇一年，梁啟超言及「中國報館之沿革及其價值」時，還憂心忡忡地說：「由於主筆、訪事等員之位置不為世所重，高才之輩，莫肯俯就」，「從事斯業之人，思想淺陋，學識迂愚，才力薄弱，無思易天下之心，無自張其軍之力」，慨歎「第四種族」「何時始見其成立」。[17]然而，數年間形勢驟變，《國民日日報》評論道：由新聞記者組成的第四種族，「由平民之趨勢迤邐而來，以平民之志望組織而成，對待貴族而為其監督，專以代表平民為職志」。「故記者既據最高之地位，代表國民，國民而亦即承認為其代表者」。民眾只有以第四種族為代表和引導，「乃足以抵抗貴族教會，而立於平等之地位。」[18]一九〇五年三月，上海《滬報》首倡成立「記者同盟會」。一九〇八年，廣東報界為了「發達言權」，率先組織報界公會。頗如梁啟超所贊，「夫新聞事業，高尚之職業也」，「唯其感化人民思想及道德之力至大無匹」。[19]

　　從「江浙無賴文人以報館為末路」到報館與教育和出版業同被視為國家前途之一線光明[20]，並賦予「對於政府而為其監督者」、「對於

---

16 姚公鶴：〈上海報紙小史〉，《東方雜誌》第14卷第6號（1917年7月）。

17 參見梁啟超：〈本館第一百冊祝辭並論報館之責任及本館之經歷〉，《清議報》第100號（1901年12月）。

18 參見《國民日日報》，1903年8月7日。

19 戈公振：《新聞學撮要》（上海市：商務印書館，1929年），頁2。

20 如「嗚呼！國是不可問矣！其現象之混濁，其前途之黑暗，無一事不令人心灰望絕。其放一線光明、差強人意者，惟有三事：曰學生日多，書局日多，報館日多是也」。參見梁啟超：〈中國之新民〉〈敬告我同業諸君〉，張靜廬輯注：《中國出版史料補編》（北京市：中華書局，1957年），頁164-165。

國民而為其嚮導者」的兩大天職[21]，其間變化不僅反映出報刊作為一種傳播媒介的地位提升，更反映出媒介技術發展與國家、社會之間關係的重新定位。

　　從報人包天笑當時的薪水情況也可窺知傳媒從業人員地位的提升：一九〇六年狄楚青邀請包天笑加盟時報館，每月要求包天笑「寫論說六篇，其餘還是寫小說，每月薪水八十元」，「大概論說每篇是五元，小說每千字兩元。以此分配，論說方面占三十元，小說方面占五十元」。[22]連包天笑自己也認為薪水不算菲薄，「八十元的薪水，還比青州府中學堂監督的一隻元寶還多咧，因此我也很滿意」[23]。包天笑當時被邀請過去只是擔任編輯工作，尚非主筆，但薪水已經超過了青州府中學堂監督。

　　一九一〇年九月四日，上海、北京、廣東、江西、浙江、福建、四川、貴州、安徽、漢口、南京及東三省等地三十五所「中國人自辦之報館」的代表及各界來賓六百餘人聚集南京，成立報界俱進會，以「結合群力，聯絡聲氣，以督促報界進步為宗旨」。聯合規模的不斷擴大，顯示了同業群體的崛起及其社會地位的上陞。從此，一掃往日的世俗偏見，思想文化英才鮮有不與報業結緣者。而包括青年學生在內的眾多進步人士，雖並非直接從事職業性新聞工作，也踴躍撰文投稿。[24]

21　梁啟超：〈中國之新民〉〈敬告我同業諸君〉，張靜廬輯注：《中國出版史料補編》（北京市：中華書局，1957年），頁165。

22　包天笑：《釧影樓回憶錄》（香港：大華出版社，1971年），頁317。

23　為了說明這份薪水的不菲，包天笑特地舉例進行了比較：他有位同鄉孫東吳，是南菁書院素有文名的高材生，比他還早兩年進入申報館當編輯，薪水只有二十八元，但孫東吳自己已很滿意：「就是每月二十八元，也比在蘇州坐館地、考書院，好得多呀。」參見包天笑：《釧影樓回憶錄》（香港：大華出版社，1971年），頁317。

24　桑兵：〈清末民初傳播業的民間化與社會變遷〉，《近代史研究》1991年第6期。

　　報刊的機器化生產使得複製方便、發行迅速，報刊成本降低，定價隨之水落船低，例如，《申報》最初一份只賣八文錢，消費的經濟門檻大為降低，自然就有越來越多的普通民眾加入到讀者行列。梁啟超的「小說界革命」之後，連士大夫階層都從原先抵制報刊、小說轉變為報刊、小說的讀者，甚至還有不少人加入了作者隊伍，進一步造成了報刊市場的膨脹。

　　媒介技術的發展還促生了另外一些新生的行業，比如專業照相師的出現。為了吸引更多的讀者，提高報刊的競爭力，許多報館、書局在出版物中加入大量插畫甚至照片。與插畫相比，照片除了高度真實與可靠之外，還具有近代工業產品的特徵，能夠進行標準化和量化製作，從而降低了製作成本，價格逐步趨向低廉，自然易於普及，因此也越來越為傳媒機構所採用。這一點自然在客觀上刺激了更多照相師的出現。

二　印刷商業化與印刷物商品化程度的加劇

　　書籍是記錄、保存和傳播文化的非新聞媒介。[25]或者說，書籍是傳播一個社會最重要的思想傳播媒介，是對促進變革最有用的傳播媒介，也是對教育最有用的傳播媒介。英國十九世紀的作家和社會批評家湯瑪斯‧卡萊爾（Thomas Carlyle）曾說，「書中藏著所有過去時代的靈魂」，語氣裏充滿虔誠。[26]書籍從產生的那天起，就具備記錄、保存和傳播文化的功能，這種功能和作用隨著製作材料和印刷複製技術

---

25 倉理新：《書籍傳播與社會發展——出版產業的文化社會學研究》（北京市：首都師範大學出版社，2007年），頁8。

26 Ray Eldon Hiebert、Donald F. Ungurait、Thomas W. Bohn，潘邦順譯：《大眾傳播媒介》（臺北市：風雲論壇出版社，1996年），頁520。

的改進以及社會成員識字能力和文化水準的提高而日益擴大。

　　「三立」、「三不朽」的思想對中國古代圖書出版一直產生著深刻的影響，它們是圖書刊刻、著述實現的最高目標，也是中國傳統知識階層的人生追求。因此中國古代刻書往往只是為了揚名立萬以留存於後世，傳播的範圍囿於抄寫或燒錄的份數。然而，晚清時先進印刷技術的運用促使圖書的生產方式發生轉變，促進了多樣化出版格局的形成，也加劇了書籍出版的商業化進程。

1 私刻

　　古老的「三不朽」的影響是難以估計的——事實上它本身流傳之廣就是立言之不朽的最佳證明。它給中國古代知識分子帶來了一種安全感和滿足感，認為個人的德能、功業、思想和語言能使人永垂不朽。在中國知識階層的心目中，立言不朽甚至高於立德立功，而且也是個人實現人生「名逾金石之堅」的身後名的基本途徑，同時也是「事君事親」孝義的根本。立言著述，一方面光耀祖先，「立身行道，揚名於後世，以顯父母，孝之終也」[27]，個體的追求與祖先的榮耀有機的結合在一起；另一方面是承繼祖先未竟之業，同時繼往開來，啟迪後人。因此著述不僅成為傳統知識階層每個人孜孜以求的人生目標，而且成為光宗耀祖、家族興旺的旗幟和標杆。[28]

　　這樣的理念導致了中國古代私人編輯出版活動相當活躍，或者編輯自己的文集以傳播名聲；或者編輯父祖先輩的文集以盡孝道，「夫孝，始於事親，中於事君，終於立身」。[29]私刻被人們看成了使家族聲

27 〈開宗明義章第一〉《宋刻孝經》（天津市：天津市古籍書店，1987年），頁6。

28 何明星：《著述與宗族——清人文集編刻方式的社會學考察》（北京市：中華書局，2007年），頁24-25。

29 〈開宗明義章第一〉《宋刻孝經》（天津市：天津市古籍書店，1987年），頁6。

譽「不朽」、世代「書種」不絕的重要手段。有論者甚至認為，「一個確定的結論是，中國圖書歷史上，所有文集著述、編刊的文化活動，其基本動因大多是為了實現立言不朽的人生理想。」[30]

而編輯「古人」或「今人」的詩文選本，或者整理古籍珍本，並通過捐資籌款等方式刻印出版，這也是為士人普遍稱道的善事。直至晚清，張之洞還勸人刻書：「凡有力好事之人，若自揣德業學問不足過人，而欲求不朽者，莫如刊佈古書之一法。但刻書必須不惜重費，延聘通人，甄擇秘笈，詳校精雕。其書終古不廢，則刻書之人終古不泯。如歙之鮑，吳之黃，南海之伍，金山之錢，可決其五百年中必不泯滅。豈不勝於自著書自刻集者乎！且刻書者，傳先哲之精蘊，啟後學之困蒙，亦利濟之先務，積善之雅談也！」[31]很顯然，張之洞依然延續了傳統的立言不朽的思想，把出版作為一種個人行為的宣揚。

不過，對於大部分知識分子而言，私刻仍是一件奢侈之事。因為其目的不在銷售營利，幾乎沒有刻意的銷售，甚至在開始時就不指望銷售，刻印數量有限，除束之高閣留於勉勵後代之外，持贈送人亦在少數。這等賠本的買賣需要大量資金的注入，不是很多人願意做——更不是很多人玩得起的。晚清著名經學家陳衍有一首詩〈賣書示雪舟〉，道盡私刻窘境：「刻書不能多送人，刻成百卷幾苦辛。呼僕買紙召工匠，印刷裝訂商齦齦。一函卅冊價半萬，輒以送遺吾將貧。無端持贈人亦賤，委棄不閱堆灰塵。街坊書賈為我賣，抬價數倍良可嗔」。[32]

---

30 何明星：《著述與宗族——清人文集編刻方式的社會學考察》（北京市：中華書局，2007年），頁22。

31 張之洞：〈勸刻書說〉，《書目答問》（上海市：商務印書館，1935年），頁77-78。

32 陳衍：《石遺室詩集》（福州市：福建人民出版社，2000年），頁213。

2 官刻

　　官方刻書要晚於民間刻坊。目前現在最早的官刻圖書是五代後唐
長興三年經宰相馮道、李愚等建議，朝廷命田敏在國子監校正的儒家
經典《九經》。蕭東發認為，五代政府雕印九經是圖書發展史上的一
個重大事件：第一，它標誌著我國書籍流通和文字傳播方式開始進入
一個新的階段，即由印刷方式取替過去的手抄、刻石等笨拙的方式，
圖書形式的主流進入印刷本時期；第二，五代刻書開闢了雕印儒家經
典的先河；第三，印刷術由民間進入官府，從此產生了官府刻書事
業，即官刻。[33]

　　「有一些出版史著作和論文論及官刻時，津津樂道於刻書數量多
少，字大悅目，版式大方，紙墨精良，云云，好像皇帝老子真是『稽
古右文』，刻了多少多少種書，關心文化發展。這只是看到了事情的
一個方面，而沒有去看另一面」，「朝廷刻書與讀書人關係不大，嚴格
講是出版資源的浪費」。[34]

　　官刻裏最具代表性的就是殿刻，要體現的更是皇家的心意，其刊
刻大多供皇家收藏、饋贈之用，講究皇家氣派，所謂藏之內府，彪炳
千秋。而且由於雕刻印刷的數量、紙張及裝訂等方面的原因一般只能
採用單面印刷，所以殿刻書籍在力求周全的同時自然又大又重，價格
自然也相當昂貴，不是普通百姓有機會和財力能夠消費的。

　　所以即使清廷刻書達三萬餘卷，但普通百姓並未有太多實質性的
受益。清廷編輯以及動用了很多刻工刻了很多類書，但是除了《淵鑒
類函》，因為收入《古香齋袖珍十種》叢書，是小本，康熙乾隆年間

---

33 蕭東發：《中國圖書出版印刷史論》（北京市：北京大學出版社，2001年），頁181-
　182。

34 汪家熔：《近代出版人的文化追求》（南寧市：廣西教育出版社，2003年），頁21。

內府刻後，到同治光緒年間廣東孔氏翻刻，才能在民間流傳，其它如赫赫有名的《古今圖書集成》，印六十四部，其中九部與《四庫全書》和《四庫薈要》配套，其餘賜予王公和幾個編修「四庫」時進書多的藏書家。雖頒發給幾名藏書家幾部《古今圖書集成》，但那是恩賜，要世代供奉起來，不能動的。[35]光緒年間雖清廷雖再次出資影印《古今圖書集成》，但那是為了送給國外交流，仍和普通百姓無甚干涉。直到後來中華書局縮印《古今圖書集成》，百姓才有緣見到。

眾所週知的《康熙字典》，因為要「以昭同文之治，俾承學稽古者得以備知文字之源流而官府吏民亦有所遵守」，編好後清廷經常刻印，按理說應該進入民間流通了，但《康熙字典》「版藏大內」，普通百姓要印刷如何可能？更重要的是，因為翻印《康熙字典》的工程浩大，過程中難免錯誤──而一旦翻刻有誤，「篡改欽定文字」之罪名的後果不堪設想，所以長期無人敢隨便翻刻。「直到一八七五年湖北崇文書局才開始翻刻，但怕寫紙樣有誤，只敢按原書大小覆刻。以致每頁幅面比現在四開本還大。這樣一部《康熙字典》所要求的閱讀和購買條件也就可想而知了」。[36]書籍出版的目的就是促進文化交流，傳播文化知識，再好的書籍若不能進入流通環節，那就是對有限出版資源的浪費。像《康熙字典》這樣寶貴的文化資源問世兩百年後仍傳佈極少，難以在文化傳播事業中發揮出應有的作用，不能不令人扼腕歎息。

即使在造紙技術、雕版印刷及活字印刷技術有了很大進步之後，手抄本依然是複製圖書的重要形式，在官刻中亦是如此。如清代官方組織編纂的大型叢書《四庫全書》先後抄錄了七個副本，分別收藏在

---

35 汪家熔：《近代出版人的文化追求》（南寧市：廣西教育出版社，2003年），頁22。
36 汪家熔：《近代出版人的文化追求》（南寧市：廣西教育出版社，2003年），頁22-23。

七處官方修建的藏書閣，其中江南三閣曾經對士人開放，准許士人抄錄所需要的圖書。[37]

3 坊刻

在私刻中，除家刻外還包括坊刻，與前者多是以文章學術或揚名立萬為目的不同，坊刻倒是為了營利而銷售生產。但由於要考量讀書人的普遍需要，選書方面就偏重暢銷書，一些有市場但需求量較小的書籍就不得其門而刻了。

宋代時，我國印刷業進入了黃金時代，除了四川之外，浙江和福建都成了刻書中心。更重要的是在這些地區聚居了很多刻書世家，例如在浙江杭州，有陳氏刻坊四家之多，尤以陳起文子為最；在福建建陽，有余氏刻坊五家之多，尤以余仁仲萬卷室出名。[38]這些刻書世家家族經管，世代刻書，甚至延續數百年。與達官貴人和藏書家注重圖書的收集不同，這些坊刻世家更關注的是圖書的流通。所以儘管主觀上他們是營利之目的，但客觀上他們也打破了上層階級對文化知識的壟斷，促進了知識自上而下的流動。

至明清兩代，我國的雕版印書非常繁盛，遠超宋元，尤以江南地區為最。[39]明代萬曆年間學者胡應麟《少室山房筆叢・經籍會通四》

---

37 於翠玲：《傳統媒介與典籍文化》（北京市：中國傳媒大學出版社，2006年），頁39。

38 葉樹聲、余政輝：《明清江南私人刻書史略》（合肥市：安徽大學出版社，2000年），頁2。

39 在明代，蘇常地區的私人雕版印書著名者有一百多家，金陵地區書坊主要集中在三山街和太學前，有近百家，杭州地區有影響者約六十家，湖州地區最大的特點是刊刻印書籍，建寧地區私人刻書達一千種之多。在清代，蘇常地區私刻突出者共有一百多家，共刻書達數千種，金陵地區則不如蘇常，有影響者只有十多家，最突出的要數李漁的「芥子園」。湖州地區有影響者四十餘家，最突出的要數喬居於嘉興的歙人鮑廷博父子的「知不足齋」。徽州地區突出者有三十多家，刻書有數百種。參見葉樹聲、余政輝：《明清江南私人刻書史略》（合肥市：安徽大學出版社，2000年），頁2。

說：「余所見當今刻本，蘇常為上，金陵次之，杭又次刻、歙刻驟精，遂與蘇、常爭價。蜀閩本最下。」明代中期之前，江南印刷書籍中教化性和政治性讀物占絕對比例。中期以降，商業化已發展起來，至清代，商業化印刷業已成為江南印刷業的主流。江南出版的圖書不僅在本地暢銷，而且還遠銷外地。

總的來看，古代坊刻不僅刻印而且銷售圖書，刻印前的編輯工作重在選擇圖書、寫版翻版、設計版式等，出版物的種類極為有限。當然坊刻也承攬刻印業務，許多私人編纂的文集著述也是通過坊刻進行的。

中國古代私刻、官刻和坊刻並存的出版格局，正是中國古代社會政治、經濟、文化等複雜因素相互作用的結果。由於私刻和官刻皆非追求利潤，正如錢存訓先生所說的「主要不是為了謀利，而是一種道德上的關懷」，因而傳播範圍大多有限。以「射利」為目的的坊刻成了是活躍圖書流通市場的重要管道，甚至如經濟史學家指出的，「我們要強調明清江南民間印刷業的主要特點，即高度的商業化」[40]，但坊刻總歸遭到官方管制和文人批評，而且囿於技術和市場之故，坊刻的數量也是有限，和晚清大規模的商業化出版是不可同日而語的。

4 晚清的印刷商業化和印刷物商品化

和晚清的近代化印刷出版事業相比，古代的私刻、官刻和坊刻都存在明顯的弊端。

就私刻而言，其目的或為崇尚學問、嗜學好古，或為緬懷先人、光宗耀祖，或為傳播文化、繁榮學術，也就是說，私刻並不重在銷售，因此刻印數量自然較為有限，一般書籍大約只存百把幾十部甚至

---

40 李伯重：《江南的早期工業化》（北京市：社會科學文獻出版社，2000年），頁186。

幾部,再加上代代相傳、代有損毀,流傳下來的很少,和晚清時動輒成千上萬的印數根本無法相比。書籍刻印好後,除贈送一部分給家庭後代、親朋好友、後學門生外,大部分無人問津,銷售無門。

就坊刻而言,由於沒有形成經濟規模,缺少同業共同體的制約和相關學者把關,坊刻所刊刻的書籍普遍勘校不精,間或還有不良書商,由於政治、經濟等原因,對已有典籍隨意刪節、篡改,清代有學者苛評云「明人好刻書而古書亡」,指的就是這一類。如此情形在清代也好不到哪裏。為生意計,社會新知,偶有著述,要能再坊間刊刻,非通俗而流傳者久,亦幾不可能。一個社會的文化生產、流通、傳播的狀況如此確實很難說有怎樣的前景了。

就官刻而言,大多數官刻是因了地方大臣的個人對於刻印書籍之意義的認識和理解而創辦,書局的運營費用要靠國庫和地方財政來支持,刻經(包括佛教經書)或者刻典多依官員的心願,地方官員的職務變動也直接影響到書局的生存,書局刊刻的「政治正確」是毋庸置疑,但知識的更新,思想、知識的系統性、由刻書展現出的文化的計劃性就談不上了。

晚清時雕版印刷術已漸被凸版、平版和凹版印刷術取而代之。以印刷出版的版料而言,則主要為鉛印和石印。由鉛字銅模的凸版印刷術,到石版印刷術等平版印刷以及後來發展的凹版印刷術,近代印刷出版事業發展到一個嶄新的時期。印刷物大規模的生產和流通,帶來了知識傳播與發展環境的巨大變化。

一八四〇年鴉片戰爭以來,特別是一八九五年甲午戰爭的失敗使中國讀書人受到了極大的精神刺激,以資產階級為主體的民間出版活動發展起來。他們開始從救國存亡的角度,設立譯書學會,創辦新型書刊,大量翻譯和編輯出版西方科學技術、政治制度以及文化心理等方面的書籍。以運用新技術大規模出版社會廣泛需求的普及性文化教

育書籍為主的民營出版企業逐漸取代官書局和教會書局而大踏步登上
歷史舞臺。而中國傳統典籍作為不同於西學（新學）的國學（舊學）
自然受到強烈的衝擊。隨著一九〇五年科舉制度的廢除、新式學堂的
建立，西方的學科分類體系逐漸代替了中國傳統的知識分類體系，新
式教科書的出版也動搖了儒家經典的獨尊地位，這促使中國讀書人的
知識結構發生了根本變化。

　　古代中國曾把圖書文字神聖化和宗教化，最具代表性的是惜字
會。[41]惜字雖然是道教文昌信仰所鼓勵的行為，但這個信仰在明清時
代已成為圍繞著科舉制的儒生文化中的一部分；或者說，惜字是以舉
子業為志業的士人的宗教行為。在明代到清最初期，個別儒士以惜字
作為修身、積德的一種手段，到了清中後期，惜字漸成為整個階層的
集體宗教行為。[42]

　　勸人惜字是因為文字有一種神聖性及神秘性，因為「創造字的是
天地間的一股神秘力量，不是人所能瞭解的，因此凡人對字都應敬而
畏之、尊敬字紙自然有宗教性的意義；惜字的理由之二是字乃社會運
作的主要工具，尤其是在官吏治民方面，有不可或缺的實用功能」。[43]
從這裏我們也不難發現古代文人的優越感來源之一──因為他們更擅
於舞弄具有巨大支配力量的文字。

　　而到了晚清時分，在先進的媒介技術的衝擊下，傳統的義利觀伴
隨著人們傳播習俗一併改變了。[44]早期維新主義思想家在倡言重商、

41　何明星：《著述與宗族──清人文集編刻方式的社會學考察》（北京市：中華書局，
　　2007年），頁141。

42　梁其姿：《施善與教化──明清的慈善組織》（石家莊市：河北教育出版社，2001
　　年），頁193。

43　梁其姿：《施善與教化──明清的慈善組織》（石家莊市：河北教育出版社，2001
　　年），頁177。

44　若是追根溯源的話，這些思想可以追溯到明清時代甚至明清以前商品經濟較為發達

提倡商戰的同時就已經把義利的關係重新調整了。十九世紀八九十年代以後一些人物公開在報刊上鼓動宣傳，在社會上形成新的義利觀念，實際上是民間百姓們的逐利實踐在思想輿論界的反映。比起百姓的實踐，這些思想觀念已經晚了半拍。[45]傳統中國社會以宗族為中心的社會結構設計而存在著的對姓氏祖先、世系血緣等一系列宗法道德、倫理、以及超驗的文化情感，在政治、經濟和文化活動中日益被貨幣交換為基礎的經濟價值觀所侵蝕、融合甚至完全取代。

　　就連清政府都在一九○三年頒諭說：「能商惠工，為古今經國之要政。自積習相沿，視工商為末務，國計民生，日益貧弱，未始不因乎此。亟應變盡利，為意講求。」[46]從賤商到重商，表現了新的社會心理和新的價值追求。隨著風氣變化，商人有些揚眉吐氣了。有人自豪地說，「我們經商的人，生在這西曆一千九百餘年，叫什麼二十世紀實業競爭的時代，也真正尊貴得很了」，「天下最有活潑的精神，最有發達的能力，能夠做人類的總機關，除了商，別的再也沒有這種價值」，「《四書》裏頭道：孔子是集群聖的大成。我道這商業也可算集人類的大成了」。[47]言論中雖然流露出自高自大的神情，卻也道出時代變遷的歷史真實。這種心理的產生一方面是經商逐利社會風尚帶來的一個結果，另一方面也是經濟發展商人地位變動的真實反映。經商逐利之風在晚清時期社會心理中造成的觸動由此可見一斑。

　　哈貝馬斯（Habermas）論及歐洲印刷書籍發展時指出的，「即作

的時代，那時往往民間重商趨利的風氣甚為流行。到鴉片戰爭前後，阮元將「正其誼不謀其利，明其道不計其功」的「不」字改成「以」字，宗稷辰「利在天地間」的說法，都表現了義利觀的變化。

45 孫燕京：《晚清社會風尚研究》（北京市：中國人民大學出版社，2002年），頁280。
46 朱壽朋：《光緒朝東華錄》（北京市：中華書局，1958年），頁5013。
47 〈經商要言〉，張枬、王忍之：《辛亥革命前十年間時論選集》（北京市：生活・讀書・新知三聯書店，1960年），卷1，下冊，頁890-891。

為商品，它們一般都是可以理解的。它們不再繼續是教會或宮廷公共
領域代表功能的組成部分；這就是說它們失去了其神聖性，他們曾經
擁有的神聖特徵變得世俗化了」。[48]晚清時，伴隨圖書文本唯一性地位
的喪失，失去的還有文本的神聖性、尊崇感，圖書由此失去了象徵與
標誌的作用。表面上看僅僅是印刷技術革命帶來的印刷出版業的變
革，但在深層次社會結構上帶來的是無法挽回的文化精神失落。

　　晚清時傳統刻本所遭受的衝擊尚且如此，抄本和傳統傭書業所受
衝擊自不待言。一大批京劇、戲曲、鼓詞等民間需求旺盛的抄本在近
代印刷技術衝擊下徹底消亡，預示著從漢代開始的中國傭書業歷經幾
千年，在近代機械印刷技術的四十多年的衝擊下徹底絕跡。

三　媒介技術借助資本進一步發力

1 資本對技術的還原

　　布萊恩‧特納（Bryan Turner）在〈古典社會學及其遺產的進一
步考察〉中寫道：「這個社會是一個日益建立在經濟階級和經濟價值
觀之上的社會，這種階級和價值觀已不再那麼注重傳統的等級之分、
權力的標誌和個人的世襲榮譽形式了。建立在現金交易關係基礎之上
的階級體系的出現消除了傳統文化和宗教價值觀，引導了世俗化的總
進程，在以城市生活、民族國家和通訊與技術的新系統起主導作用為
特徵的社會生活中聽任新意識形態的出現。」[49]

---

48 哈貝馬斯撰，曹衛東譯：《公共領域的結構轉型》（上海市：學林出版社，1999年），
　　頁41。
49 蘇國勳、劉小楓：《社會理論的開端和終結》（上海市：上海三聯書店，2005年），頁
　　490。

　　近代傳播工具的出生證明是由資本頒發並簽字的，它出生後立即
成為生產力的重要組成部分。在一項媒介新技術發明之初，技術壟斷
或技術權力居於支配地位（如印刷商），此後則是知識和信息的權力
起支配作用（如出版商）。在社會意識形態漸趨穩固之後，追逐利潤
最大化的資本法則主導著新聞傳播業的發展。

　　由於商界日益擺脫對官場的依附以及傳媒社會需求量的增長，帶
動了民間以西洋石印、鉛印技術為基礎的新興出版印刷業的興盛。各
種專營印刷或兼營出版印刷業務的書局、印書館大批開設，保證了報
刊獨立、快速、大量地印行，成為民辦報刊的有力支柱。

　　一方面固然有時代的召喚，但更多原因顯然是利潤的吸引，在晚
清報刊的迅猛發展中民間資本也紛紛加入。如一九〇五年《大公報》
的調查共列出中文報刊三百〇二種（含已佚一百五十種，改刊二十一
種），其中說明商、官、外資辦的分別為一百八十九、十一、九十五
種。商辦的占百分之六十二點六，而在繼續出版發行的一百五十二種
報刊中，分別為九十八、十一、四十三種，民辦者占三分之二強。[50]
另據論者對有明確創辦時間的三百九十七種報刊進行的統計，一八六
九至一九〇八年間，商、官、外資辦的三類中文報刊分別為兩百七十
一、四十四、八十二家。民辦的占近百分七十。[51]

　　由於資本對技術的還原，報刊出版不但真正成為了一種商業，而
且也隨之分為兩個層次：一是繼承了文字傳統的懷有高尚理念的報刊
出版，二是繼承了口頭傳統的大眾化、通俗化、商業化的出版。

　　資本的迅速擴張並集中於印刷出版行業顯現了印刷出版所具有的
強大吸引力，也彰顯了它在一個時代舉足輕重的偉力和地位。但從上

50　參見《大公報》，1905年5月11日至5月25日。

51　陶鶴山：《市民群體與制度創新——對中國現代化主體的研究》（南京市：南京大學
　　出版社，2001年），頁112。

述的討論中，也可以看到出版和一個時代的文化所潛藏另一方面的危機，資本的過度參與超出了知識群體的文化追求所具有的掌控能力。資本的本性是噬利的。越來越大的資金需求，弱肉強食的商業競爭，動機不一的股東意見，使得文化生產中的文化堅持會越來越容易被生產文化的商業性所絞殺。當資金越大，文化的多元性就越容易受到破壞。它對於包容異質因素、新生文化所具有的開放性空間也就被壓縮了。[52]

2 資本與技術的纏繞

晚清時，國外近代化機械和先進的印刷術的傳入，不僅直接促進了印刷技術手段的進步，同時也間接影響到了整個印刷出版業的組織形式，使晚清整個印刷出版市場的組織結構發生了深刻變化。

以印刷技術為突破口，以豐厚的資金實力和科學知識為背景的石印技術、鉛印技術之引進和大批量輸入，使中國傳統幾千年沿用的，以一家一戶一族之力就能夠進行圖書文本加工的雕版生產技術一夜之間消失，代之而起的是大規模、專業化的現代生產車間，由此引發中國幾千年來從未有過的一系列文化生態的巨大變化。[53]由於生產數量的巨大和發行流通的廣泛，新式報紙雜誌的影響日益擴大，逐漸取代了書籍長期以來的首要傳播文本的地位。從總印刷量、發行量來看，在一八九九至一九〇五年的七年時間裏（不含臺灣、香港、澳門等外刊），內地出版報紙種數分別為：十六、二十五、三十四、五十三、五十三、七十一、八十四種，總數達到三百五十四種。具體見表4-1：

52 雷啟立：《印刷現代性與中國現代文學的發生》（上海市：華東師範大學博士學位論文，2008年），頁76。

53 何明星：《著述與宗族──清人文集編刻方式的社會學考察》（北京市：中華書局，2007年），頁145。

表4-1　一八九九至一九○五年國內報紙品種數量

年份（年）	1899	1900	1901	1902	1903	1904	1905
數量（種）	16	25	34	46	53	71	84

　　光緒三十年左右，出版業的重心已由教會和官書局移到民營的出版業[54]，民營出版業取代教會書局和官營書局而成為主流，這是一種具有近代意義的代表進步的出版業，對中國近代出版業的發展產生了深遠的影響。[55]

　　值得我們注意的是，「近代社會傳播網路在空間上是與市場網路體系相重合的，前者的拓展是以後者為依託的。近代市場網路是以中心大都會為核心的，而信息傳播網路也是如此，並據此向周圍輻射擴散的，同樣存在一個梯級次序」[56]，這顯然不只是一種簡單的巧合。

　　傳播網路和市場網路的這種重合從雷鐵厓雷鐵厓（1873-1920），原名昭性，字澤皆，初號讋皆，正號鐵厓，其名有「用意欲以雷霆之聲喚醒國人」之意，是辛亥革命時期的報業鉅子、詩人，曾任臨時大總統孫中山的秘書。的論述中可略見一斑，「上海者，中國最開通之第一埠也。全國之風氣，由其轉移；全國之思想，由其灌輸。上海發一議，舉國之人即隨之風靡，曰上海得風氣之先者也。吾儕僻屬內地，孤陋寡聞，步趨其後，必不失於正軌。以故年來風潮率由上海開其端，是可見上海為舉國之導師，關係全國之人心，即關係全國之存亡者也。」上海之所以有如此地位，是因為「夫上海之人，亦豈盡躋

---

54 李澤彰：〈三十五年來中國之出版業〉，張靜廬輯注：《中國現代出版史料》（北京市：中華書局，1959年），頁385。

55 王建輝：《出版與近代文明》（開封市：河南大學出版社，2006年），頁4。

56 陶鶴山：《市民群體與制度創新──對中國現代化主體的研究》（南京市：南京大學出版社，2001年），頁106。

於文明？其所以造成輿論者，亦不過握言論機關之報紙耳。故上海為全國之導師，而上海報紙又為上海全埠之導師」。[57]

印刷技術大規模的展開，邏輯地帶來的具有「現代」意義的社會文化變革。在這個「現代」展開的邏輯中，技術、資本、生產、消費、市場與知識群體對於社會理想、民族—國家、文化建設的意義和價值的理解夾纏在一起，既圍繞著新的出版機構的運作來進行，又深刻地滲透到社會文化生活的各個領域。[58]也就是說，商業過程絕非冷冰冰計算的合理性，它總是沉浸在文化環境的汪洋大海之中，這在印刷出版的商業化過程中表現尤為明顯。

資本主義經營方式在出版業內全方位推進，對中國傳統的印刷出版格局進行了脫胎換骨式的改造，從新式傳媒知識分子的出現到出版機構經營模式的確立，從資本主義的出版同業組織的成立到商業廣告的開發網路的建立都打下了近代文明的深深烙印。

第二節　媒介技術發展促生新式傳播時空觀

時間和空間不是隨著現代性的發展而來的空洞無物的維度，而是脈絡相連地存在於活生生的行動本身之中。[59]在這種種行動中，媒介技術的發展對於新的時空觀的產生至關重要。

鄧尼斯‧麥奎爾（Denis McQuail）認為：「媒介是使我們看到身外世界的視窗；是幫助我們領悟經歷的解說員；是傳遞信息的月臺或

---

57 唐文權：《雷鐵厓集》（武漢市：華中師範大學出版社，1986年），頁277。
58 雷啟立：《印刷現代性與中國現代文學的發生》（上海市：華東師範大學博士學位論文，2008年），頁54-55。
59 安東尼‧吉登斯撰，田禾譯：《現代性的後果》（南京市：譯林出版社，2006年），頁92。

貨車；是包括觀眾回饋的相互作用傳播，是給予指示和方向的路標；是去偽存真的篩檢程序；是使我們正視自己的明鏡。」[60]約書亞‧梅羅維茨則認為媒介亦如管道，又如語言，還如環境。[61]麥克盧漢不僅認為「媒介就是信息」，還把「媒介」看作是人體器官的各種延伸，「由於每一種延伸都會在人們的生活中引入一種新的尺度，這種尺度最終會影響到人們的感官比率，感官比率的變化影響了人們的時空概念，形成了新的文化經驗，最終必然會對歷史和文明產生重大影響」。[62]

哈樂德‧英尼斯則提出了媒介的空間倚重或時間倚重，其含義是：對於它所在的文化，它的重要性有這樣或那樣的偏向。[63]傳播媒介對信息在時間和空間中的傳播產生重要影響，因此有必要研究傳播的特徵，目的是評估傳播在文化背景中的影響。根據傳播媒介的特徵，某種媒介可能更適合知識在時間上的縱向傳播，而不適合知識在空間中的橫向傳播，尤其是該媒介笨重而耐久，不適合運輸的時候；它也可能更加適合知識在空間中的橫向傳播，而不是在時間上的縱向傳播，尤其是該媒介輕巧而便於運輸的時候。

的確，任何一種媒介都會制約人們獲取信息的途徑，影響人們的思維方式，媒介的使用就是感官的外化或者說媒介的內化，每一種媒介對身體感官都具有不同的側重，不同媒介的運用會造成感官比例上的變化，從而產生了人體新的感應輪廓，從而使人形成新的知識結

---

60 斯蒂文‧小約翰撰，陳德民等譯：《傳播理論》（北京市：中國社會科學出版社，1999年），頁575。

61 約書亞‧梅羅維茨撰，肖志軍譯：《消失的地域：電子媒介對社會行為的影響》（北京市：清華大學出版社，2002年），頁7。

62 李慶林：〈傳播技術塑造文化形態——一種傳播學的視野〉，《經濟與社會發展》2005年第7期。

63 哈樂德‧伊尼斯撰，何道寬譯：《傳播的偏向》（北京市：中國人民大學出版社，2003年），頁5。

構。比如,「報紙是一種文化形態,是文化的產物,又是文化發展的結果,並成為一個亞文化系統,包含一系列文化現象。報紙的發展過程是一個文化積纍的過程,是文化發展的過程,從語言、文字、紙張、活字印刷、信息採集編碼、發行、回饋,這是報紙的內文化,或者說是物質文化。還有報紙的潛文化,就是由於報紙和報紙的傳播而產生的文化」。[64]不同的報紙形成不同的讀者群,也就形成了不同的文化群體,這樣一來不僅辦報、連讀報也成了文化現象或文化行為。

秦始皇統一中國時,強調的是地域的博大,有度量衡和文字的統一,但是沒有時間的統一。晚清時,媒介技術的引進和應用重塑了時空結構,時空伸延的水準比以往任何一個時期都要高得多,發生在此地和異地的社會形式和事件之間的關係也都相應地延伸開來,從而影響了整個社會文化變遷。尤其是電報技術的運用能促成一種全新的「傳播整合」狀態,這種「傳播整合」既包括傳播時間與空間的整合,又包括不同認知觀的整合,而種種全新的傳播文化現象也隨之出現。

一　媒介技術造成了媒介時間的形成

在時空兩個維度上,儒家文化和媒介文化均偏重時間。中國人向來持有「華夷之辨」的觀念,即將自己作為文明的中心。隔離與優越感結合在一起形成了中國人特有的行為方式和態度。這一獨特的結合對中國歷史的文化延續起到了巨大的作用。

當空間的生態龕(ecological niche)成為商業和控制的競爭場所時,人們就把注意力轉向了時間。[65]「幾乎所有的技術發現和裝置都

---

64 戴元光:《戴元光自選集》(上海市:復旦大學出版社,2004年),頁204-205。
65 詹姆斯・W・凱瑞撰,丁未譯:《作為文化的傳播》(北京市:華夏出版社,2005年),頁181。

與獲取或節約時間有關，它們的目的都是為了克服『慢』，提高速度」。[66]從時間的角度來看，媒介技術的應用提高了傳播的速度和效率，使我們能夠突破時間的限制，比如通過文字與先人「對話」。媒介技術對時間的重塑還表現在它通過提高信息和物質傳輸與處理的速度而節約了時間。

比如晚清時，由於西方先進印刷機器的引入，從人到機械技術的變遷使得印刷出版工作發生了轉變。它導致對一個穩固的工作步調或節奏的強迫接受，因此印刷工人的組織安排必須圍繞印刷機器的時間表來進行，而這反過來又影響了印刷工人其它非工作時間的安排。

更為明顯的是電報的影響。「我們踏進了新的時間關係之時，卻毫未注意到新時間關係對於思考方式與其它業務運用範圍的影響」。[67]時間往往伴隨著權力，這對於一切文化形態的時間觀而言都是正確的。在需求與技術的完美結合下，電報改寫了舊的時間觀念，從而滲透到了普通人的日常生活和實踐經驗意識之中。

津滬電報線是我國自己創設並對外開放的第一條電報線路，它的建成不但打破了西方列強壟斷中國電報事業的意圖，而且改變了中國古代傳統的信息傳遞觀念，促進了新聞事業的發展。正如鄭觀應所贊，「夫世之至神至速，倏去倏來者，蓋莫如電。藉電以傳信，則其捷也可知」[68]，「藉電以行，數十百里間勁氣直達，不假書函，如晤對焉」，「雖山阻海深，頃刻可達」。[69]

---

66 吳國盛：〈技術時代的時間意識〉，《方法》1997年第1期。

67 Tony Schwartzs撰，蒯亮編譯：《傳播媒介——第二位元上帝》（臺北市：國立政治大學新聞研究所，1985年），頁85。

68 鄭觀應：〈易言三十六篇本〉〈論電報〉，夏東元：《鄭觀應集》（上海市：上海人民出版社，1982年），上冊，頁82。

69 鄭觀應：〈易言二十篇本〉〈電報〉，夏東元：《鄭觀應集》（上海市：上海人民出版社，1982年），上冊，頁209。

　　電報在大眾傳播中立即得到應用，電報總局准許各日報發送新聞電報，減半收費。《申報》於一八八二年一月十六日，刊出了該報駐北京訪員從天津電報局拍發的電報，報導清廷查辦一名瀆職官員的消息。此為開中國報紙上刊登「新聞專電」的先聲。中法戰爭時期，《字林西報》、《申報》等外商報紙，經常利用電報傳遞新聞，為了搶時間，就出「號外」，使讀者先睹為快。[70]

　　《申報》刊登過不少詠西洋「奇巧」器具的竹枝詞，表達了時人對洋貨的稱羨，題詠的對象包括電報線、手動風扇、望遠鏡、地球儀等。在這些詩文中，人們對電報「數萬里重洋，朝發夕至」的神奇功能表示驚奇：「奇哉電報巧難傳，萬水千山一線奇，頃刻音書來海外，機關錯訝有神仙」，參見《申報》，一八七四年十二月二十一日。「最是稱奇一線長，跨山越海度重洋。竟能咫尺天涯路，音信飛傳倏忽詳」。[71]

　　而晚清時人們對電報等西方媒介技術的認識從其時的小說中也可略見一斑，比如《官場現形記》第八回中講陶子堯和姐夫利用電子報及時互通消息[72]，第九回中講到「王觀察」奉「巡撫」之命，前往東洋考察學務，到了上海又接到電報，叫他「順便考察農、工商諸事，添派四個委員，大小幾十個學生」。[73]另一部小說《市聲》第七回提到，「錢伯廉也把兒子託人薦到電報局去學打電報的法子」[74]，第三十一回寫劉浩三與姜春航的談話，尤為發人深省。浩三道：「外洋已經趨入電氣時代，我們還在這裏學蒸汽，只怕處處步人家的後塵，永遠

70 吳廷俊：《科技發展與傳播革命》（武漢市：華中科技大學出版社，2001年），頁124。

71 參見《申報》，1874年10月10日。

72 李寶嘉：《場現形記》（合肥市：安徽文藝出版社，2003年），頁76。

73 李寶嘉：《官場現形記》（合肥市：安徽文藝出版社，2003年），頁77-78。

74 姬文：《市聲》（上海市：上海文化出版社，1958年），頁45。

沒有旗鼓相當的日子，豈不可慮？更可憐的，連汽機都不借。春翁沒聽說赫胥黎說的優勝劣汰麼？哼，只怕我們敗了，還要敗下去，直到淘汰乾淨，然後叫做悔不可追哩。」[75]

正如吉登斯（A. Giddens）指出的，應該把對秩序的探討變為社會體系究竟是怎樣把時間和空間「連接」起來的。秩序問題應被看成是時間——空間伸延（time-space distanciation）的問題。[76]那些在時間和空間上具有深遠影響力的載體，需要人們在日常生活中擁有它們，才能獲得跨越時空的影響。所以就媒介技術對受眾傳播慣習的影響而言，絕不僅僅是一種生產技術的運用這麼簡單，更重要的是技術影響之下從生產到再生產完成的整個運作機制，以及隨之而來的媒介機構一系列社會功能的變化，當然蘊涵這一系列變化之中的就是受眾傳播慣習潛移默化的轉變。

二　媒介技術發展對空間障礙的突破

技術和文化的發展是相輔相成的。在十五世紀古登堡試驗活字印刷之前，知識的傳送要求群體之間的空間極其接近。從媒介與空間的關係來看，媒介通過對空間障礙的突破，加強了文化間的傳播，為文化的變遷提供了可能。「通過把人們看來遙遠的事物變得近一些、把人們看來是陌生的事物變得可以理解，媒介可以有助於在傳統社會與現代社會之間架設橋樑」。[77]

---

75 姬文：《市聲》（上海市：上海文化出版社，1958年），頁180。

76 安東尼・吉登斯撰，田禾譯：《現代性的後果》（南京市：譯林出版社，2006年），頁12。

77 韋爾伯・施拉姆撰，金燕寧等譯：《大眾傳播媒介與社會發展》（北京市：華夏出版社，1990年），頁136。

在電報發明之前，communication 一詞意指物質的運輸和利用雙足、馬背以及其它交通工具進行的信息傳送，所以 communication 這個詞長期和 transportation 同義。然而，電報的發明終止了物質運輸和信息傳輸之間的同一性，使信息或符號可以獨立於運輸工具而運動，並且遠遠快於運輸工具。

電報一旦將傳播從地理和運輸工具的束縛中解放出來，它就使「傳播」和「運輸」這兩個詞分離開來，而且同時改變了人們對傳播的基本思維方式。[78]電報完全打破了傳統的或者說物理上的空間概念，信息在全世界四處流動，地理上的空間距離已失去意義，人們的生存空間延伸了，人們的生命也相對延伸。

派特里斯・費裏奇甚至認為，電報是大革命修辭學的組成部分，產生於啟蒙運動的科學工程應該取代教堂和王權的象徵。但為了頌揚理性的宗教，人們沒有絲毫猶豫就把科學改編成了魔術！[79]他還進一步指出，「電報、曆法或度量衡體系的歷史向我們顯示出，在技術與社會之間有一種相互的滲透」。[80]

民間對社會信息的瞭解程度，與媒介技術的發展狀況關係密切。晚清時社會環境日益複雜，民眾分佈的總體地域空間很大，但能接觸的社會信息空間卻很小，人們需要的信息範圍在不斷擴張。然而，中國「國家版圖式廓，各省距京師遠或萬里，近亦數千、數百里」[81]，

---

78 丁未：〈電報的故事——詹姆斯・凱瑞《作為文化的傳播》札記〉，《新聞記者》2006年第3期。

79 派特里斯・費裏奇撰，劉大明譯：《現代信息交流史：公共空間和私人生活》（北京市：中國人民大學出版社，2008年），頁16。

80 派特里斯・費裏奇撰，劉大明譯：《現代信息交流史：公共空間和私人生活》（北京市：中國人民大學出版社，2008年），頁25。

81 鄭觀應：〈易言二十篇本〉〈電報〉，夏東元：《鄭觀應集》（上海市：上海人民出版社，1982年），上冊，頁209。

中央政府要想及時瞭解和掌握各地之動態尚非易事，個人要想及時瞭解他鄉異國發生之事更是難上加難，而電報技術無疑為滿足人們的需要打開了方便之門。

一八六八年，外商旗昌洋行由虹口至法租界碼頭架設了陸上電報線，一八七〇年，租界工部局在租界內也架設了電報線。電報僅用一根細細的鐵線，便能用電碼遠距離傳達音訊，使人們雖遠隔千萬里而能相互傳言，這種神奇功能令人們倍感驚奇，文人墨客們更是紛紛作文賦詩讚歎不已，所以，電報也成了這一時期上海報紙上的詩文中常談論的內容。一位署名「滇南香海詞人」的文士在投給《申報》的一首〈洋場詠物詞〉中，對於電報經緯縱橫、穿河貫漢的奇特構造，慣傳消訊、捷於影響的神奇功能，驚歎為「匪夷所思」和「具大神通」參見《申報》，一八七二年九月四日。。從當時常見的一些詠物詩文中常對電報用「神仙」、「神通」、「天機」、「稱奇」、「離奇」、「匪夷所思」、「巧奪天工」這類的詞語，可以窺見人們對於電報的驚奇讚歎。此後幾年間，電報很快推廣。一八八二年上海與南京間電報開通，次年又架設了至浙、閩、粵各線。此後，南北數萬里瞬息可通，上海更是成為了信息彙聚中心。這時期上海街頭出現了「電竿林立矗雲天，鐵線分張真似弦」[82]之空前盛況。

因為電報技術的新聞報導中的運用，報章信息覆蓋地域大為增加，人們的視野也隨之擴大。據有關學者統計，一八七二年四月三十一日至十二月三十一日，《申報》所發的八百九十二條消息的信息源空間分佈是這樣的：上海本埠消息三百七十四條，占總數的百分之四十一點九；國內其它地區消息兩百六十六條，占總數的百分之二十九點九；國外消息兩百五十二條，占總數百分之二十八點二。國外消息

---

82 海昌太憨生：〈淞濱竹枝詞〉，顧炳權：《上海洋場竹枝詞》（上海市：上海書店出版社，1996年），頁428。

則來自亞、歐、非、澳洲的二十二個國家地區。[83]資料至少可以反映兩個事實,其一是當時的報人已經把視野主動地從「本埠」擴大到「外埠」,甚至擴大到「世界」;其二是能夠看到報紙或能夠從報紙上獲取消息的人也「被動」地把視野擴大到各地以及世界。人們除了關心自己和自己周圍的事物,還要關心其它地區的事物,甚至關心世界的事物,於是民族、國家等概念便自然而然地形成了。[84]

正如凱瑞指出的,「傳播媒介的影響都來自於一個簡單的技術事實:每一種現代媒介都提高了控制空間的能力。它們通過縮減人與地點之間發送信號的時間(即訊息發送與接收之間的時間差)來實現這一點」。[85]文化的變遷與不同文化之間持續和密切的接觸的程度相關,而這種持續和密切的聯繫有賴於傳播媒介的發明和應用。傳播媒介突破了不同民族或國家在地理上的障礙,製造了相互之間的聯繫,使得文化的交流和變遷成為可能。隨著電報的發展,人們已從最初驚為神奇的旁觀者,變為享受其便利的使用者,這種來自西洋的「奇器」就這樣逐步融入了國人的日常生活。

不過到了十九世紀八〇年代,「西洋奇製層見迭出,人們已不再像先前那樣因不明其理而事事驚詫,疑為神工,而是逐漸習聞習見,對西洋的製作之奇巧抱以欣然認可、樂於接受的態度。」[86]一八八一年十二月五日,《申報》還刊登了〈滬上擬用德律風〉一文,介紹上海創辦德律風一事,內云:「西報載有外國電線行告白,言上海地方

---

83 樂正:《近代上海社會心態(1860-1910)》(上海市:上海人民出版社,1991年),頁176-177。

84 孫燕京:《晚清社會風尚研究》(北京市:中國人民大學出版社,2002年),頁92。

85 詹姆斯・凱瑞撰,丁未譯:《作為文化的傳播》(北京市:華夏出版社,2005年),頁105。

86 李長莉:《晚清上海社會的變遷:生活與倫理的近代化》(天津市:天津人民出版社,2002年),頁86。

將通行德律風，工部局已曾核准矣。德律風者所以傳遞言語，為電線之變相，亦以鐵線為之，持其一端，端上有口，就口中照常說話，其音即由此達彼，聽者亦持其一端而聽之，與面談無異。不但語言清楚，而且口吻畢肖。」[87]對於這種以電線連接即可遠距離通話的奇器，從該篇報導的口氣中，已看不到驚詫的意味，而只是客觀的描述，隨後還以十分輕鬆的語氣推介道：「此法一行，無論華人西人皆可置備，相隔數里或為風雨所阻，亦不難遙遙共話，是又一快事也已！」一八八三年春，徐家匯天主堂設立電話通達租界各洋行，預報風雨消息。雖然這時使用電話的還多是西人，但中國人知其事者也不再驚詫，而是視以為常了。[88]

再看孫寶瑄與古人氣象迥異的談詩：他家中安裝了電話，不必辛苦出門，即可將得意之作念與知音聽。談到得意處，在享受現代文明的同時，他也從這種新的談詩方式中得到了極大樂趣，因〈與二我電機譚詩〉一首：「自云入我袖，山鳥集其掌。妙語空中聞，精神自來往。」[89]電話談詩本身也作為新事物，成了文明進化的標誌。

第三節　媒介技術發展型塑新型傳媒文化觀

齊美爾（Georg Simmel）曾提出過一個問題：社會是如何可能的？人們的回答當然見仁見智。施拉姆從傳播學的角度提出了自己的解答，「傳播是社會得以形成的工具。傳播（communication）與社區（community）一詞有共同的詞根，這決非偶然。沒有傳播，就不會

---

87 參見《申報》，1881年12月5日。

88 李長莉：《晚清上海社會的變遷：生活與倫理的近代化》（天津市：天津人民出版社，2002年），頁86-87。

89 孫寶瑄：《忘山廬日記》（上海市：上海古籍出版社，1983年），下冊，頁819。

有社區;同樣,沒有社區,也不會有傳播。使人類有別於其它動物社會的主要區別是人類傳播的特定特性」。

晚清時隨著媒介技術的發展,傳播活動的深度和廣度均發生了質的飛躍,其影響不僅觸及社會的每一個角落,還深入到社會發展與變遷的核心層面。媒介技術與社會之間呈現出動態互動。就媒介技術對社會傳播慣習的影響而言,絕不止是一種生產技術的簡單運用——不只是印刷技術為印刷物的發展提供了便利條件,而是深入到技術運用背後的一整套思想觀念、從生產到再生產完成的整個運作機制,以及隨之而來的一系列社會功能組織的變化。

雖然現代社會(民族國家)有著被明確限定了的邊界,但是所有這些社會都被一些紐帶和聯繫交織在一起,這些紐帶和聯繫貫穿於國家的社會政治體系和「民族」的文化秩序之中。[90]無疑,媒介技術就是其中重要的一根紐帶。

控制論的創始人維納(Wiener)曾說過,「社會通訊是社會這個建築物得以黏合在一起的混凝土」。[91]詹姆斯・W・凱瑞也不無感慨地指出,「利用印刷機和土木工程的威力,把廣袤的地域和龐大的人口凝聚成一個文化整體,或者說的不好聽一點兒,凝聚成一種文化霸權(cultural hegemony)」。[92]凱瑞還認為,「帝國」和「帝國主義」兩個詞出現於一八七〇年並非偶然,因為當時剛剛架設了橫跨大西洋的海底電纜。[93]

---

90 安東尼・吉登斯撰,田禾譯:《現代性的後果》(南京市:譯林出版社,2006年),頁12。

91 N・維納撰,陳步譯:《人有人的用處》(北京市:商務印書館,1978年),頁17。

92 詹姆斯・W・凱瑞撰,丁未譯:《作為文化的傳播》(北京市:華夏出版社,2005年),引言。

93 詹姆斯・W・凱瑞撰,丁未譯::《作為文化的傳播》(北京市:華夏出版社,2005年),頁169。

　　那麼，晚清媒介技術的發展對於民族觀或國家觀到底意味著什麼，媒介技術的發展又是如何與當時社會群體的思想行為相互呼應的，最終又是如何型塑出新型的傳媒文化觀念的？

一　印刷成為「民族主義的建築師」

　　正如伊莉莎白・愛森斯坦指出的，「倘若給印刷術的影響以更多的注意，史學史與其它歷史聯繫的問題就可能得到更加有效的解決」。[94] 火藥和指南針所帶來的改變因涉及的領域比較局限，因而也較為簡單，處在常人想像所及的範圍之內。而印刷術帶來的卻是人類信息存儲和傳播方式的深刻變革，這種變革逐漸擴展到幾乎所有民眾的知識獲得與日常的生活方式之中。這一過程以及所涉及的人類歷史進程的方方面面都似乎漫漫無際。[95] 印刷術變成科學復興的手段，變成精神發展最強大的槓杆。

　　印刷術的發明和普及，在人類傳播和交流史上具有深刻的影響力。利用這種技術，人們可以把同一本書複製成許多冊而不需經過耗費人力的手抄過程。一些有影響的書籍逐漸成為許多在一定教育水準以上的人們所共有的知識裝備。尤其重要的是，印刷術還使新思想、新信息的傳遞變得更加易於擴散，也更加難以控制。[96] 印刷術使文字的機械複製和大規模、遠距離傳播成為現實，其最直接的影響就是本國語言的發展，而本國語言的發展又直接導致了民族—國家觀念的產生。

94　伊莉莎白・愛森斯坦撰，何道寬譯：《作為變革動因的印刷機》（北京市：北京大學出版社，2010年），頁14。

95　項翔：《近代西歐印刷媒介研究——從古騰堡到啟蒙運動》（上海市：華東師範大學出版社，2001年），頁1。

96　支庭榮：《西方媒介產業化歷史研究》（廣州市：廣東人民出版社，2004年），頁12。

　　所以，麥克盧漢曾十分形象地將印刷稱為「民族主義的建築師」，「印刷術的爆炸延伸了人的頭腦和聲音，在世界規模上更新構造了人的對話，這就構成了連接各個世紀的橋樑……它的作用就是結束狹隘的地域觀念和部落觀念，在心靈上和社會上、空間上和時間上結束地方觀念和部落觀念」[97]，「借助口語和語言集團而實現的政治統一，在印刷術將地方口語變成為地域寬廣的大眾媒介之前，是難以想像的」，「民族主義的到來有賴於印刷術問世之前未曾有過的信息運動速度」。[98]

　　的確，近代民族主義[99]形成的原因遠不止是我們所習以為常的民族概念中所謂的共同的社會經濟基礎。近代民族國家興起的一個重要條件就是媒介技術的進步，使得中央政府干涉地方事務成為可能。

　　由於媒介技術的進步，人們交流範圍的擴大和交流頻率的增加帶來社會流動的加快，使得傳統社會結構不斷被摧毀。人們逐漸擺脫了原先狹隘的空間概念，大大拓展了交往範圍。一定區域內的人們同質成分與日俱增，社會成員的團結感和連帶感明顯增加。

　　本尼迪克特・安德森認為民族是一個「想像的共同體」（imagined community），其形成源於資本主義的生產關係、印刷新技術和人類語言多樣性的宿命之間的互動，「促使新的共同體成為可想像的，是生產體系和生產關係（資本主義）、傳播科技（印刷品）和人類語言宿

97　馬歇爾・麥克盧漢撰，何道寬譯：《理解媒介——論人的延伸》（北京市：商務印書館，2000年），頁217。

98　馬歇爾・麥克盧漢撰，何道寬譯：《理解媒介——論人的延伸》（北京市：商務印書館，2000年），頁225。

99　近代民族主義伴隨著資本主義的發展而起源。在西歐的封建時代，現實的社會經濟基礎決定了人們效忠的感情是地方性的，又因為基督教在信仰和文化領域的一統局面使得人們的忠誠情感同時又具有普世主義。參見李宏圖：《西歐近代民族主義思潮研究》（上海市：上海社會科學院出版社，1997年），頁25。

命的多樣性這三個因素之間半偶然的，但又富有爆炸性的相互作用。」[100]

　　其中作為商品的印刷成為促進民族意識產生的關鍵，安德森稱之為「印刷－資本主義」（print-capitalism），「印刷資本主義賦予了語言一種新的固定性（fixity），這種固定性在經過長時間之後，為語言塑造出對『主觀的民族理念』而言是極為關鍵的古老形象」[101]。它們在拉丁語之下和地方口語之上創造了一種統一的交換和傳播領域，進而形成世俗的、特定的卻又不甚明顯的民族的想像的共同體的胚胎。也就是說，印刷和資本主義的結合——「印刷－資本主義」是民族意識起源時最關鍵的因素。

　　「印刷－資本主義」所產生的語言是一種不同於以往官方地方語言的強力語言，它成為加強中央集權統治的有力工具，為民族國家的建立奠定了基礎，並重新塑造了歐洲地緣政治格局。正如麥克盧漢所言，印刷術發現了生動逼真的民族疆界，印刷書籍的市場也是由這樣的疆界圈定的，至少對早期的印刷商和出版商是這樣的情況。[102]通過印刷語言，讀者們「確實逐漸能在心中大體想像出數以千計和他們自己一樣的人」。[103]在這種特殊的「可見之不可見」當中，讀者們通過印刷語言聯繫在一起，形成世俗的、特定的、不易察覺的民族想像的共同體的胚胎。

100　本尼迪克特・安德森撰，吳叡人譯：《想像的共同體——民族主義的起源與散佈》（上海市：上海人民出版社，2005年），頁42。

101　本尼迪克特・安德森撰，吳叡人譯：《想像的共同體——民族主義的起源與散佈》（上海市：上海人民出版社，2005年，頁43-44。

102　馬歇爾・麥克盧漢撰，何道寬譯：《麥克盧漢精粹》（南京市：南京大學出版社，2000年），頁428-429。

103　本尼迪克特・安德森撰，吳叡人譯：《想像的共同體——民族主義的起源與散佈》（上海市：上海人民出版社，2005年），頁74。

　　同時，這種新的固定的印刷語言形式在長期的發展中，有助於形成關於該共同體古代的形象，該形象成為民族主義思想的重要基礎，「印刷—資本主義」所產生的語言是一種不同於以往官方地方語言的強力語言，它成為加強中央集權統治的有力工具，為民族國家的建立奠定了基礎。[104]把傳播視為社會凝聚力的信念是一種進步的信仰。傳播技術是提升政治、文化品質的關鍵所在。[105]意識的結構與傳播結構相類似。印刷機創造了新的文化聯結形式，對此最好的表達是：它以一種橫向的維度（horizontal dimension）進入現代國家、進入國際關係，並帶來了社會階層之意義與關係的改變。[106]

　　歐洲諸強在十九世紀用槍炮重繪了世界地圖，迫使中國和別的許多國家成為一種更大的國際體系的一部分。不過，印刷語言與槍炮在地圖上各自管轄著不同的領土。印刷語言的這種管轄能力在晚清得到生動的演繹。

　　晚清雨後春筍般冒出的報刊幾乎離不開愛國的主題。廣泛的民族利益使得稍有民族自尊感的人都捲入了愛國的浪潮中。中國近代知識分子所提倡的國民意識，很大程度上是與愛國主義聯繫在一起的。中國近代的「國民」不僅有西方近代公民（citizen）的含義，更有民族國家成員（a national）的含義。[107]深感國難深重的近代知識分子也更加注重對中國社會進行深刻而全面的省思。在這樣的時代背景之下，

104　項翔：《近代西歐印刷媒介研究——從古騰堡到啟蒙運動》（上海市：華東師範大學出版社，2001年），頁100-101。

105　詹姆斯・W・凱瑞撰，丁未譯：《作為文化的傳播》（北京市：華夏出版社，2005年），頁112。

106　詹姆斯・W・凱瑞撰，丁未譯：《作為文化的傳播》（北京市：華夏出版社，2005年），頁126。

107　陳永森：《告別臣民的嘗試——清末民初的公民意識與公民行為》（北京市：中國人民大學出版社，2004年），頁77-78。

救亡圖存成為時代要求，開啟民智成為救亡圖存的話語之一，而任何有助於增強國力以抵禦外侮的手段莫不受到廣泛的關注，整個中華民族面臨著如何應對「國家再造」[108]（State-building）這一時代主題的大問題。[109]

時值國家為難之際，先進的中國人已經看到了印刷出版事業與民族興亡的關聯。一八九六年梁啟超在〈論報館有益於國事〉中說，「覘國之強弱，則於其通塞而已」，「惟國亦然：上下不通，故無宣德達情之效，而舞文之吏因緣為奸；內外不通，故無知己知彼之能，而守舊之儒乃敆其舌。中國受侮數千年，坐此焉耳。去塞求通，厥道非一，而報館其導端也」。[110]「我國有報紙最早，而發展最遲。其故有關於教育、實業、交通、與社會之未進步者，而報界人材之缺乏，亦必居其一」。[111]

然而晚清民眾的素質，顯然與報人理想的國民有極大的差距，因此，與嚴復、梁啟超等思想家一樣，報人尖銳地批評長期的專制制度造成了民眾的依賴、順從和奴性等不良品質，使他們只關心自身利益，毫無國家、社會等公共意識。與嚴復等人有所不同的是，職業報人的身份，使他們能夠將思想家的思想轉換成可以讓民眾接受的社會話語，並進一步思索如何提高國民素質的問題。[112]

革命報刊大量出版後，民主革命思想廣泛傳播以前，革命宣傳小

---

108 有關「國家再造」這一問題的研究，可參見杜贊奇撰，王福明譯：《文化、權力與國家》（南京市：江蘇人民出版社，1994年）。

109 侯傑：《《大公報》與近代中國社會》（天津市：南開大學出版社，2005年），頁119。

110 梁啟超：〈論報館有益於國事〉，張靜廬輯注：《中國出版史料補編》（北京市：中華書局，1957年），頁161。

111 戈公振：《新聞學撮要》（上海市：商務印書館，1929年），頁2。

112 王敏：〈「中間地帶」：晚清上海報人與立憲運動──讀季家珍《印刷與政治》〉，《學術月刊》2003年第11期。

冊子激發了讀者們狹隘的民族感情，使不少人「伏案慟哭」，「廢書三歎息，至泣下數行」，增加了對清朝統治者的憤恨，反滿革命的意志也因而更加堅決。[113]隨著公眾識字率的提高以及市面上越來越多的各類出版物，公眾的眼界變得更高了。傳播系統的發展達到了辦報者做夢也想不到的程度。[114]以出版救國成為當時知識分子的一種自覺意識。出版人的這種愛國主義「不是空洞的吶喊，除了尺寸之功的積纍，他們希望通過緩慢的文化變革如以廣印書籍開啟民智的實績外，本著社會良知去分析批評進而採取行動去喚醒民眾、製造輿論以達社會進步」。[115]

每種新的媒介技術都會改善「感官的關係」，比如不同的時間延續、影響範圍、頻率速度，從而結構出人體新的適應性。比如聽覺有利於發展人類的情緒和直覺經驗，而印刷術的發明則擴大了視覺在知識應用方面的可能性，從而與拼音文字區別開來，晚清新式書籍報刊的出現進一步加重了受眾的視覺偏向，改變了受眾的心理和思維方式，進而在某種程度上重構了社會組織。而且，媒介技術的發展擴大了受眾的數量——儘管受眾是界限不明、在廣泛範圍下散在的眾多個人的集合，但毋庸置疑他們又是勢力很大的群體，他們的閱讀特性影響了傳播的方式和意義。大量的書籍報刊造就了信息傳播向社會下層轉移的契機，也為啟動公共教育提供了充分條件，從而造成了社會結構的重大變動。

---

113 方漢奇：《中國近代報刊史》（太原：山西人民出版社，1981年），頁172。

114 邁克爾・埃默里、愛德溫・埃默里、南茜・L・羅伯茨撰，展江譯：《美國新聞史：大眾傳播媒介解釋史）》（北京市：新華出版社，2001年第九版），頁140。

115 郭汾陽、丁東：《書局舊蹤・兩篇檄文遺精神》（南昌是：江西教育出版社，1999年），頁125。

二　白話報刊開闢新式印刷文化格局

　　文字的出現給人類傳播活動帶來的不僅是正面的積極作用。由於文字本身的特點，也在傳播活動中形成了一些以前沒有發生過的問題。因為當信息可以被記錄下來以後，人們就可以對信息和知識採取行動，從而導致知識（知道什麼）和知者（誰知道）的分離，那些能讀能寫的人可以擁有特殊的社會地位。[116]「在傳統社會，文字被視作知識和權力的象徵，是令人敬畏的文字符號，在中國自古就有『敬惜字紙』的文化傳統，能夠『寫』和『讀』的知識分子擁有掌控傳播媒介和轉述文字內容的特權，是造成社會等級的重要因素」。[117]文字自它產生後形成規範體系起至今天一直不是全社會每個成員都通曉的傳播方式，而是掌握在社會一部分人手中。那些掌握了文字的統治者和其它社會上層人物出於自我利益的考慮，有意識為文字的普及設置了一些障礙，使文字在出現以後相當長的時期中被人為地控制在少數人手中。「萬般皆下品，唯有讀書高」，「勞心者治人，勞力者治於人」，典型地說明了在中國古代掌握文字的重要性。

　　當閱讀印刷品成為非面對面時的主要傳播方式後，人們必須經由閱讀來認識世界，而閱讀必須識字，知識水準須有教育程度配合，但是對文字的掌握並不是人天生就具有的能力，沒有識字能力的受眾就被排除在使用媒介工具之外。也就是說：印刷術的使用帶來了不平均的知識水準，在不同社會階層之間造成了分化乃至兩極對立的局面。

　　不過這種情況在晚清日益得到改變。媒介技術的發展不但降低了

---

116 李特約翰撰，史安斌譯：《人類傳播理論》（北京市：清華大學出版社，2004年），頁355。

117 崔欣、孫瑞祥：《大眾文化與傳播研究》（天津市：天津人民出版社，2005年），頁156。

受眾使用媒介工具的技術門檻，也降低了受眾使用媒介工具的經濟門檻，從而滿足了越來越多的受眾的需求。由於先進的印刷材料和印刷設備的採用，印刷複製技術從手工生產發展為機械化生產，極大地提高了書籍報刊的印刷速度，增加了印刷數量，也降低了印刷成本，使得書籍報刊由少數上層人士的專有品變為廣大民眾都可以看到的讀物，各種信息得以大規模交流，各類新思想、新學說廣泛傳播，社會發展自然也被大大推動。

晚清時報刊文本無疑是建立在空間結構之上的便於橫向知識傳播的媒介，而按照哈樂德‧英尼斯的理論，傳統中國文化注重的是流傳「時間」之長而不在於傳播「空間」之廣。晚清時拋棄傳統的縱向歷史觀念，和書籍與報刊文本傳播力量的此消彼長有直接的關係。而更為重要的是，兩種不同媒介背後隱藏的是截然不同的價值觀。

西方媒介技術帶來的便捷日益激發著中國先進知識分子的危機意識。他們愈加認識到，民智、民德、民力不開，積貧積弱之中國不可能走向富強之路，「是故國之強弱貧富治亂者，其民力、民智、民德三者之徵驗也，必三者既立而後其政法從之」。[118]而文言文繁難，言文分離，這是造成中國人民智無從啟發的原因。要開通民智，必須使人人通曉文字，言、文不一致的現象便成為最大障礙。為此，戊戌變法前夕在中國大地上第一次響起了推廣白話文、廢除文言文的呼聲。

早在一八八七年，黃遵憲就從言文須一致、語言隨地而異、隨時而變的角度，探討了普及白話文的可能性。[119]一八九〇年，黃遵憲在《日本國志》中指出，「蓋語言與文字離則通文者少，語言與文字合則通文多，其勢然也」，並希望達到「令天下之農工商賈，婦女幼

---

118 嚴復：〈原強修訂稿〉，王栻：《嚴復集》（北京市：中華書局，1986年），冊1，頁25。

119 焦潤明、蘇曉軒：《晚清生活掠影》（瀋陽市：瀋陽出版社，2002年），頁1。

稚，皆能通文字之用」的程度。[120]黃遵憲不僅認為明治維新為中國的變法維新提供了成功樣板，而且參照日本國語改良的經驗，提出語、文合一的主張。

在維新變法時期，梁啟超等維新派代表人物則接過這面大旗，進一步推進中國文字和語言的改良。一八九六年，梁啟超作〈沈氏音書序〉，並節引黃遵憲的論點，對語言之多變與文字之不變造成「中國文字，能達於上，不能逮於下」的嚴重後果深表憂慮，並明確提出了「文與言合，而讀書、識字之智民，可以日多矣」之主張。[121]

一八九七年十一月七日，《演義白話報》在上海誕生，這是目前已知最早的一份白話報紙。同年，《無錫白話報》（後改名為《中國官音白話報》）創辦人裘廷梁尚未開辦白話報時，他就曾對汪康年提出建議。他說：「諸君子創開報館，曾未及歲，每期銷至萬四千冊，可謂多矣，然猶不逮中國民數萬分之一」，「以無錫言之，能閱《時務報》者，士約二百分之九，商約四五千之一，農工絕焉」，他估計「商之子弟盡人而讀之，工之子弟讀者十七八，農之子弟讀書者十五六，少者一二年，多或三四年、五六年、七八年、年十三日而後改就他業」。這些略通文字的人，如果「增設淺報」，則可以讓他們也通中西知識，「俾天下之為商、為工、為農及書塾中年幼子弟，力足以購報者，皆略通中外古今及西學之足以利天下，為大開風氣之助」。[122]

一八九八年，裘廷梁的名文〈論白話為維新之本〉[123]在「百日維新」的高潮中發表，並成為這一運動的指導綱領。該文對比白話與文

---

120 黃遵憲：《日本國志》（天津市：天津人民出版社，2005年），頁811。

121 梁啟超：〈沈氏音書序〉，《時務報》，冊4，1896年。

122 上海圖書館：《汪康年師友書劄（三）》（上海市：上海古籍出版社，1986年），頁2625-2626。

123 參見《中國官音白話報》（《無錫白話報》）第19、20期，1898年8月。

言的利弊，指出：文言令「一人之身而手口異國，實為二千年來文字
一大厄」。最重要的是，「文言之為害」，致使中國不得為「智國」，人
民不得為「智民」。因此，「愚天下之具，莫文言若」，「文言興而後實
學廢」。文中詳細列舉了白話的八大益處，「一曰省目力，二曰除嬌
氣，三曰免枉讀，四曰保聖教，五曰便幼學，六曰煉心力，七曰少棄
小，八曰便貧民」[124]，並考證中國古代成周時及泰西、日本「用白話
之效」，得出「智天下之具，莫白話若」、「白話行而後實學興」的結
論，旗幟鮮明地主張「崇白話而廢文言」。

此後，標明為「白話」（包括「俗話」及各地方言）的報刊如雨
後春筍，競相面世。[125]甚至連一些偏遠或較小的地區，如廣西、浙江
南潯鎮等也出現了白話報。影響所及，用少數民族文字刊行的白話報
刊也應運而生，如《西藏白話報》用漢、藏兩種文字發行。這些白話
報刊互通聲氣，相互轉載文章，形成了強大的輿論力量。一九○○年
以後白話報刊更是遽增。據統計，一九○○至一九一一年，共出版了
一百一十一種白話報。[126]事實上，這份統計資料還不完全，在一些報
紙的記載中可以另外輯出二十份在這個時期內出版的白話報。亦有論
者認為：一八九七至一九一一年出版的完全採用白話的報刊，至少有
一百三十餘種。[127]

一九○六年，四川先進青年辦了叫做《鵑聲》的白話報，他們

---

124 張枬、王忍之：《辛亥革命前十年間時論選集》（北京市：生活・讀書・新知三聯書
    店，1960年），卷1，頁40-42。

125 夏曉虹：《晚清社會與文化》（武漢市：湖北教育出版社，2001年），頁115。

126 蔡樂蘇：〈清末民初的一百七十餘種白話報刊〉，丁守和：《辛亥革命時期期刊介紹》
    （北京市：人民出版社，1983年），第5集，頁493-546。

127 蔡樂蘇：〈清末民初的一百七十餘部白話報刊〉，丁守和：《辛亥革命時期期刊介紹》
    （北京市：人民出版社，1987年），第5集；史和、姚福申、葉翠娣：《中國近代報刊
    名錄》（福州市：福建人民出版社，1991年）。

說：「我們做這個白話報，因為看見他們的杭州白話報、安徽白話報、湖州白話報、紹興白話報、寧波白話報，各人叫各人地方上的弟兄們，都要曉得中國現在的時勢，是十分不好了，要大家趕快想法子，做個長久之計」，「望我們四川人，聽了鵑聲二字，就想起了亡國的慘歷史，觸目驚心，自然動了些感情，把這個報買一份來看看。究竟鵑聲是說些什麼？倘若是說得合理，就望看報的人，把四川的風俗習慣改良起來，四川當做的各種事業，大家出點錢出點力，把他整頓起來，無知愚人打教堂、打學堂，大家應該去阻止他們，把他們開通轉來」。[128]

　　《大公報》的創辦人有感於「中國文字太深，汲汲謀編輯白話書報以開通下流社會」。[129]因此，大力提倡多設立白話報館，「俾粗識字者皆得從此而知政要，庶不致再如睡夢矣」。[130]《大公報》率先垂範，開創了在日報中附設白話一門的先例，「中國華文之報，附以官話一門者，實自大公報創其例。」同時還定期出版白話附張，以《敝帚千金》之名，免費隨報附送，也單張出售。不久，白話附張又以同樣的名字結集出版。這些白話文章「以其說理平淺，最易開下等人之知識，故各報從而傚之者日眾」。[131]《敝帚千金》由於文字淺顯易懂，頗受百姓歡迎，因此銷路甚好，到一九〇六年已出版十冊，到一九〇八年為止，「《敝帚千金》亦積至三十冊，除附報奉送外另行裝訂銷售者亦至數萬冊之多」。[132]一時間，不同文學流派、政治集團的人

---

128 張枬、王忍之：《辛亥革命前十年間時論選集》（北京市：生活・讀書・新知三聯書店，1960年），卷2，上冊，頁563。

129 參見《大公報》，1904年10月30日。

130 參見《大公報》，1902年7月21日。

131 參見《大公報》，1905年8月20日。

132 參見《大公報》，1908年2月10日。

紛紛採用白話撰述，使得晚清白話文運動出現了語言形式同一而思想傾向迥異的複雜局面。革命派用白話文傳播反帝反清的火種，對辛亥革命的爆發大有助益。[133]

由於閱報成為一種新時尚，因此各地出現許多閱報社，讀報、聽報成為市民生活中的一部分。所以說，閱報社既是這樣一種新型輿論傳播管道，又是社會文化變遷的產物。尤其值得一提的是，閱報社於一九〇二年就在天津出現了。起初是設立在創辦人的家中，影響比較小。一九〇四年，由《大公報》等發起成立的閱報會，推動了它的發展。[134]

閱報處的大量設置是一九〇五年、一九〇六年的事。講報處也從這個時期陸續出現。閱報公會甚至定期給婦孺念報，往聽者也不乏其人，每日聽閱者擊轂摩肩。有的社會賢達乾脆出資買報並把報紙張貼在鬧市供人閱看。有的宣講處還用上了現代化的媒介技術，比如添演幻燈，自然取得了比較好的效果，「常常吸引上千名的聽眾」。[135]儘管現在已難以找到材料說明當時百姓聆聽了各種消息後究竟產生了什麼感想，但是可以明確一點——他們的視野在不斷開闊。

民族是「一種想像的政治共同體——並且，它是被想像為本質上有限的（limited），同時也享有主權的共同體」。[136]將民族歷史、現實局勢、各國興衰之由等演繹成白話以教育特定或一般對象的做法，這些「開民智」工作無疑對這種想像起著巨大的促進作用。

一九〇七年，西藏甚至也誕生了第一份藏語報刊——《西藏白話

---

133 夏曉虹：《晚清社會與文化》（武漢市：湖北教育出版社，2001年），頁117。

134 侯傑、秦方：〈《大公報》與晚清時期中國社會文化變遷〉，《廣東社會科學》2003年第3期。

135 參見《大公報》，1905年7月26日。

136 本尼迪克特・安德森撰，吳叡人譯：《想像的共同體——民族主義的起源與散佈》（上海市：上海人民出版社，2005年），頁6。

報》。無疑,在腹地興起的「白話報」高潮,對催生《西藏白話報》產生了直接影響。「對聯豫當時稱之為『唐古忒』的藏文而言,『白話報』之稱更具文化啟蒙上的象徵意義」。[137]再以辛亥革命前的《四川保路同志會報告》[138]為例,由於其反映的都是來自群眾已發生或正在發生的事情,說了群眾想說的話,從而使群眾與同志會之間拉近了距離,並產生息息相通、患難與共的情感。報紙不僅是人們交流的園地,也是表達自己意志、願望的場所,在保路鬥爭中人們便特別重視、關心和需要報紙。因此,《報告》被廣泛訂閱、購置、傳抄、散發。第一號「印出三千紙,僅兩小時即便售罄」,不到半個月內,「發出印刷物已十六萬有餘件」。[139]為了儘量滿足群眾對報紙的需要,《四川保路同志會報告》「日出萬張,尚不敷分佈遠甚」,只好「與印刷公司再三籌商,苦心設法,每日多出五千張」。[140]「印刷公司屢告用紙將罄,堅請少出」,但「又難減少」,只好「隔日一出,即從二十七日(七月二十二日)起,逢單日停版,雙日照常發行」。[141]瞭解了上述《四川保路同志會報告》受歡迎的情況,對保路運動的爆發也就不難理解,而保路運動和辛亥革命之間的關係更是眾所週知,由此可見「開民智」工作的巨大功效。

　　《孽海花》第二回中的描寫也可以使我們對「開民智」的效果窺斑見豹:「木生道:『據兄弟看來,現在的天下雖然太平,還靠不住。

137　周德倉:〈歷史語境中的中國藏語報刊〉,《新聞與傳播研究》,2008年第2期。

138　《四川保路同志會報告》是四川保路同志會的機關報,是保路運動的產物,創刊於一九一一年六月二十六日,每日出兩張四版,單面印刷。

139　王綠萍:《四川近代新聞史》(成都市:四川大學出版社,2007年),頁277。

140　《四川保路同志會報告》(第13號「報告」欄),王綠萍:《四川近代新聞史》(成都市:四川大學出版社,2007年),頁281。

141　《四川保路同志會報告》(第21號),王綠萍:《四川近代新聞史》(成都市:四川大學出版社,2007年),頁281。

外國勢力日大一日，機器日多一日，輪船鐵路、電線槍炮，我國一樣都沒有辦，哪裏能夠對付他！』」[142]

至於那些和立憲有關的各種宣傳，雖然和下層社會很難有什麼關涉（畢竟他們連最起碼的選舉權都沒有），但透過頻密的文字傳佈，在交通便利、訊息容易到達的地區，還是可能在人民生活中激起一些漣漪。[143]正如《申報》所指出的：「當今時事文則質而不俚，事則簡而能詳，上而學士大夫，下及農工商賈，皆能通曉者，則莫如新聞紙之善矣。」[144]白話報刊以及以幾何級數增長的印刷品的出現，各種類型印刷機構崢嶸初露，鑄造社會文化，連結不同階層，開闢出一種全新的印刷文化。

當然，雖然以白話為開通民智的工具，既可收立竿見影之效，也存在著根本的隱患。啟蒙者的角色認定，使晚清白話文的作者自居於先知先覺的地位。這種居高臨下的態度，造成運動的不乏廣度，卻缺少深度。[145]這一缺點我們同樣不該忽視。

白話報的出現及其說國民的話、為國民說話的文化趣味，雖說只是晚清社會變化中的一個微小細節，但它折射的是那個時代的社會文化的非常趣味，並昭示著永恆的媒介文化使命。[146]話語範式的這種轉變，從表層看僅僅是人們的表達方式發生變化。但正如福柯（Michel Foucault）認為的：話語是一種壓迫和排斥的權力（指廣義的支配力和控制力）形式，又是一種特殊的權力爭奪的對象。所以從深層次上

---

142 曾樸：《孽海花》（天津市：天津古籍出版社，2005年），頁8。

143 李孝悌：《清末的下層社會啟蒙運動：1901-1911》（石家莊：河北教育出版社，2001年），頁46-47。

144 參見《申報》，1872年4月30日。

145 夏曉虹：《晚清社會與文化》（武漢市：湖北教育出版社，2001年），頁119。

146 單波：〈救國的味道：中國早期白話報的文脈〉，《新東方》2003年第Z1期。

看，從文言到白話的這種範式轉換實際上影響了國人思維方式和民族心理的變遷，決定了國人價值觀和世界觀的轉變。

三　晚清新出版與制度化儒家的解體

中國歷史上儒學思想在統治權力的支撐下，通過各種制度設計而成為獨尊的官方意識形態，儒家因之亦成為一種制度化存在。干春松認為，這種制度化儒家表現為「儒家的制度化」和「制度的儒家化」兩個層面，所謂「儒家的制度化」是通過孔子的聖人化、儒家文獻的經學化和科舉制度等一系列制度設計來保證儒家的獨尊地位及其與權力之間的聯繫，而「制度的儒家化」則是儒家觀念在社會控制體系和制度設計中的滲透和呈現，具體地說就是體現著儒家觀念的國家意識形態、宗族制度、政治社會結構等現實的制度的建立。[147]

然而晚清以來，制度化儒家面對外來的衝擊和日益激化的內在矛盾，逐漸失去其作為合法性依據的地位而走向解體。當然，儒家的制度化和制度的儒家化包含相當複雜的歷史內容，其解體自然也涉及諸多因素。作為這諸多因素之一，晚清出版的發展對制度化儒家的解體產生了何種影響呢？

1 晚清出版的新發展

社會發展史也是一部出版發展史，人類一直在為尋求更及時、更有效和更生動的信息傳播方式而孜孜努力。晚清時，由於電力和蒸汽動力的使用，出版取得了突破性進展：印刷技術從手工發展到機械化生產，極大提高了印刷品質和印刷速度，既增加了印刷數量，又降低

---

147 干春松：《制度化儒家及其解體》（北京市：中國人民大學出版社，2003年），頁2。

了印刷成本，並使其內容擴大到各個領域，這樣一來書籍報刊就由少數上層人士的專有品變為廣大民眾都可以看到的讀物，信息得以大規模交流，各類新思想、新學說廣泛傳播，帶來知識內容的多元化，推動了社會的發展。

晚清出版的這些突破性進展雖然稱不上制度化儒家解體的根本原因，但至少對制度化儒家的價值體系和制度建構形成了巨大的衝擊，在其解體過程中起到了極其重要的催化作用。

2 晚清出版對「儒家的制度化」的衝擊

文字和書籍自產生起就具備記錄、保存和傳播文化的功能，這種功能和作用隨著製作材料和印刷複製技術的改進以及社會成員識字能力和文化水準的提高而日益擴大。

古代中國曾把圖書文字神聖化和宗教化，最具代表性的是惜字會。惜字雖然是道教文昌信仰所鼓勵的行為，但這個信仰在明清時代已成為圍繞著科舉制的儒生文化中的一部分；或者說，惜字是以舉子業為志業的士人的宗教行為。在明代到清最初期，個別儒士以惜字作為修身、積德的一種手段，到了清中後期，惜字漸成為整個階層的集體宗教行為。[148]但在晚清，這種情況發生了一百八十度的轉變。

一八四〇年鴉片戰爭以來，特別是一八九五年甲午戰爭的失敗使中國讀書人受到了極大的精神刺激，而且由於印刷技術發展的保證，以資產階級為主體的民間出版力量日益壯大起來。他們開始從救國存亡的角度，設立譯書學會，創辦新型書刊，大量翻譯和編輯出版西方科學技術、政治制度以及文化心理等方面的書籍。以運用新技術大規模出版社會廣泛需求的普及性文化教育書籍為主的民營出版企業逐漸

---

148 梁其姿：《施善與教化》（石家莊世：河北教育出版社，2001年），頁193。

取代官書局和教會書局而大踏步登上歷史舞臺。資本主義經營方式在出版業內全方位推進，使中國原有的出版業進行了幾乎脫胎換骨的改造。

　　雖然晚清出版的報紙也刊載科舉的時文，但這並不表明辦刊人具有傳播儒學的信念，完全可能是因為這方面的內容能吸引那些謀取功名的人。「晚清之報紙適應讀者需要，對於科考頗為重視，常刊載時文典範供士子揣摩」。[149]所以士子們哪怕身居窮鄉僻壤，亦結數人合閱滬報一份。在一些特別關頭，人們對報紙所傳達的信息的關注更是會有超常的表現。顯然，報紙已經成為人們十分重視甚至特別依賴的信息管道。有學者考證，連光緒皇帝也訂閱了《萬國公報》和八九十種書籍。[150]

　　由於新式印刷機給予的速度和品質的保證，越來越多的出版物需要優質的稿源，職業或半職業的寫作者逐漸成為一個新的群體。尤其在一九〇五年科舉制廢除以後，大批失去科舉之路的文人不得不改變生存方式，主動向報館書局投稿，靠稿費養家糊口，「著書不為稻粱謀」的傳統觀念被徹底顛覆。

　　另外，大機器印刷所產生的巨大吸引力，吸引了一批專門從事印刷出版和新聞報導的專業人員，豐富了中國近代社會的職業結構，壯大了新型知識分子隊伍，「僅各種報章雜誌編輯，估計當在千人以上」。[151]這樣很多文人就從傳統的做官、入幕、教書、做生意的謀生之路中解脫出來，逐漸擺脫了傳統文人對皇權的向心運動。

　　新式報刊書籍受到熱捧的同時，傳統儒家典籍作為不同於新學的舊學自然受到強烈衝擊。隨著科舉制度的廢除、新式學堂的建立，西

149 羅志田：《權勢轉移》（武漢市：湖北人民出版社，1999年），頁173。

150 孫燕京：《晚清社會風尚研究》（北京市：中國人民大學出版社，2002年），頁83。

151 行龍：《人口問題與近代社會》（北京市：人民出版社，1992年），頁195。

方的學科分類體系逐漸代替了中國傳統的知識分類體系，新式教科書的出版也顛覆了儒家經典的獨尊地位，這促使中國讀書人的知識結構發生了根本變化。儒家經典的唯一性被取代，在信息傳播的速度、廣度等方面傳統圖書不得不讓位於可以批量生產、快速傳播的報刊，圖書作為首要傳播文本的地位受到挑戰。誕生不久的新式報刊的影響，迅速超過了具有幾千年歷史的儒家典籍。

　　最能證明儒家經典地位動搖的是，一大批京劇、戲曲、鼓詞等民間需求旺盛的抄本在近代出版的衝擊下日益衰亡。一九〇〇年之前，戲曲抄本是清代南北傳統市集廟會上銷售的一個大宗品種，在北京歷史悠久抄本世家有張姓百本堂、李姓聚春堂、老聚春堂和寶姓別野堂。其中最具代表性的當屬百本堂，其主人姓張，自稱「百本張」。據鄭士德先生的研究，百本張從乾隆時期起，世傳四代，在出售的抄本封面上，有墨印長方形圖章，「別還價，百本張」，有的蓋有朱印木記，「諸公子莫怪，由乾隆年起至今，少錢不買」，抄本經營可謂盛極一時。[152]但進入二十世紀後，由於石印、鉛印戲本的衝擊，經營四代的「百本張」很快歇業。「百本張」等一大批手工抄書業態的消失，預示著中國傳統雕版生產技術在新型印刷出版面前的迅速萎退，建立在手工業圖書加工方式上的傳統印刷出版文化生態發生了一系列雪崩式的坍塌。

3 晚清出版對「制度化的儒家」的衝擊

　　傳統的儒家傳播模式與一切統制性的知識傳播模式一樣，它所要傳達的是一種已經證明或者說是無須證明的真理系統，接受者不能對之做出否定性的評論。[153]由於權力和地位的壓制，這種狀態下的傳播

152 鄭士德：《中國圖書發行史》（北京市：高等教育出版社，2000年），頁518。
153 干春松：《制度化儒家及其解體》（北京市：中國人民大學出版社，2003年），頁192。

是一種垂直式的信息傳播方式，從單一或少數的信源來源傳遞給許多人，比如政府可以通過一般性信息將公共議題信息傳遞給普通百姓。在這種垂直式的信息傳播方式下，由於狹窄的傳者準入管道和把關導致的地位差異，傳播過程中其實並沒有「溝通」而只有「訓話」，有效性是由權力中心單方面決定的。普通百姓無法持續參與議題的界定和議程的設定，自然就造成了信息控制的可能。人們對這種傳播方式的長期認同也是建基於儒家文化傳統之上。不過，由於晚清出版發展對制度化儒家的衝擊，這種情況呈現出異態。

晚清是中國古代書籍由狹窄的士大夫消費走向大眾消費的飛速轉變期。報刊的機器化生產使得複製方便、發行迅速，印刷成本不斷降低，再加上書局報館的增加，報刊定價自然水落船低，例如，晚清發行時間最長的《申報》最初一份只賣八文錢，在當時相當於三兩米價，這樣的價格對於平民而言也是能夠負擔得起的。這就使普通民眾也成了讀者，成了信息和文化知識的分享者。一八九五年之後印刷出版業更是走向高潮，這種高潮可以從洋紙輸入情況得到側面證明，「洋紙的輸入在一九〇二年為兩百六十餘萬兩，到一九一一年，為五百六十餘萬兩，增長一倍以上」。[154]這些洋紙絕大部分都被用於印刷出版，當時印刷出版的發達可見一斑。

隨著印刷品數量的激增，晚清知識的傳播管道也大為拓寬。進入二十世紀後，傳媒受眾由以官吏為主轉向以社會公眾為主的現象更為明顯。據一九〇三至一九〇五年南京、武漢、衢州等十一座城鎮的調查統計，共訂購報刊六十二種，兩萬〇兩百二十七份，除《南洋官報》由江寧各級官府分攤派訂，數額高達九千份外，其餘一萬一千餘

154　李澤彰：〈三十五年來中國之出版業〉，張靜廬輯注：《中國現代出版史料丁編》（北京市：中華書局，1959年），頁386。

份多為私人訂閱。[155]也就是說,晚清報刊不僅直接催生了第一批職業作家,也催生了大眾化讀者群體。

「文化的特徵,主要決定於在該文化中,偏重使用某種或某些媒介的人的比例」。[156]這一觀點可以借助近代報刊出版得到驗證:多種印刷媒介並存的傳播格局、特別是使用報刊媒介的人口比例的增加,不僅促進了中國政治文化制度的根本變革,也對普通大眾的日常生活方式、知識視野等產生了深刻影響。

作為時代政治的感應器,近代印刷出版成長為一種新的實業。近代中國民族矛盾日益加深,政治鬥爭日益複雜,各種政治力量以及關心國計民生的人士,都以出版活動來大力宣傳自己的政治主張,「為政治立言」,為改造社會製造輿論。在近代中國,幾乎所有政治事件都可以從出版活動中找到蹤跡,而能否順應社會變革往往成為出版業進步與否的政治尺規。[157]

媒介技術的迅猛發展使得書籍出版數量大為增加,並且可以將作品當作商品通過複製、銷售等手段來獲取經濟利益,各種複製本動搖了圖書業內部原有的利益、結構均衡,對權力進行了重新分配。那些新印刷出版的書籍「以社會大眾讀者為接受對象,創造公共的話語空間,打破了國家意識形態借助權力和利益配置方式對知識的絕對壟斷」[158],各種新觀念通過它們暢行無阻,順利到達社會各個階層。隨之而來的是對這些書籍的分類和整理,引起知識分類的革命和學術傳統的變化,對傳統儒家構成了強大的解構力量。

---

155 桑兵:〈清末民初傳播業的民間化與社會變遷〉,《近代史研究》1991年第6期。

156 戴元光等:《傳播學原理與應用》(蘭州市:蘭州大學出版社,1988年),頁242。

157 王建輝:《出版與近代文明》(開封市:河南大學出版社,2006年),頁7。

158 王本朝:〈從晚清到五四:中國文學轉型的制度闡釋〉,《福建論壇》(人文社科版)
    2006年第6期。

　　晚清時借助媒介新技術催生的現代意義上的報紙和雜誌，不僅有
了普適性的傳播方式，而且「以讀者需要為存在之本的特性使得它與
傳統意義上的具有排他性和權威性的經典傳播系統大異其趣」[159]為
了吸引讀者，很多報刊文章都以反正統的面目出現，猛烈洗涮著人們
腦中原有的思維方式和價值觀念，衝擊著儒家的精英主義意識形態。
吸附於經典之上的知識的神秘性和高尚感被紛紛「祛魅」，制度化儒
家綿延已久、牢不可破的地位被不斷撼動。報刊灌輸給社會成員的道
德觀念和社會評價體系將直接影響他們的行為，從而為思想革命和社
會變遷奠定基礎。

　　「自光緒二十年中日戰爭直到宣統三年都充滿了革新運動的空
氣」[160]，維新思想在整個中國形成一股巨流，給許多人以醍醐灌頂之
感，即使小縣城和農村也深受影響。曾住在榮縣農村的吳玉章在回憶
中就提及：「那時四川還很閉塞，新書還未流行，因此我還沒有接觸
到什麼『新學』。不過，我對當時國家危亡的大勢是瞭解的，我正在
為祖國的前途而憂心如焚。⋯⋯正當我在政治上十分苦悶的時候，傳
來了康梁變法維新的思想，我於是熱烈地接受了它」[161]，「當我讀到
康梁（特別是梁啟超）的痛快淋漓的議論以後，我很快就成了他們的
信徒，一心要做變法維新的志士，對於習八股、考功名，便沒有多大
的興趣了」。[162]

　　一種新媒介的長處，將導致一種新文明的產生。晚清日益發達的
印刷出版業引導人們從傳統思想的羽翼下不斷掙脫出來，增強了人們

159　干春松：《制度化儒家及其解體》（北京市：中國人民大學出版社，2003年），頁191-192。

160　李澤彰：〈三十五年來中國之出版業〉，張靜廬輯注：《中國現代出版史料丁編》（北京市：中華書局，1959年），頁385。

161　吳玉章：《吳玉章回憶錄》（北京市：中國青年出版社，1978年），頁4-5。

162　吳玉章：《吳玉章回憶錄》（北京市：中國青年出版社，1978年），頁7。

思維的創造力與豐富性，引發了清末民初異彩紛呈的各種思潮，為五四思想大解放打下了基石。

本章小結

　　傳媒制度整體秩序的產生和形成很大程度上依賴於社會傳播習俗。社會傳播習俗越是具有影響和地位，越是能夠自生自發地擴展長，那麼相應的傳媒制度的其它層面（正式制度與非正式制度）就越是具有合法性和合理性。

　　儘管正式約束可能由於政治或司法決定而在一夕之間發生變化，但嵌入在習俗、傳統和行為準則中的非正式約束可能是刻意的政策所難以改變的。這些文化約束不僅將過去與現在和未來連結起來，而且是我們解釋歷史變遷路徑的關鍵之所在。[163]這些文化約束不是成文的立法，基本上屬於未闡明的規則，沒有成文化、條款化，也沒有一種固定的、物質化的存在形式，而存在於某一社會每個具體的個人的心智和行為模式中，存在於社會成員的言談舉止中。[164]但這些文化約束總是有維持一定的社會秩序並調整其社會關係之功能——這是存在於社會集體層次之上的「集體無意識」，它會對個體行動者的社會價值觀念和行為方式產生不可抗拒的影響。

　　如果揭開歷史的面紗，將晚清媒介技術對集體無意識的影響一一加以指點，那麼媒介技術發展的文化意義就得到了抽絲剝繭式的生動展示。晚清媒介技術的發展，不僅是科技進步而且是社會文化綜合發

---

163 道格拉斯‧C‧諾思撰，杭行譯：《制度、制度變遷與經濟績效》（上海市：格致出版社／上海人民出版社，2008年），頁7。

164 秋風：〈通過市場學習規則〉，汪丁丁：《自由與秩序——中國學者的觀點》（北京市：中國社會科學出版社，2002年），頁252。

展的產物。如果說，一部人類社會發展史從一定意義上講，是一部生產工具發展史的話，那麼，一部人類社會的新聞傳播發展史，從根本上看就是一部傳播媒介發展史，媒介技術的進步，不僅提高了傳播水準，而且更新了傳播意識，變革了傳播觀念。

印刷技術的變革和報刊書籍出版結合之後所造成的效果，絕不僅僅停留在印刷物數量增長的層面，而是在印刷文化的生產、銷售到讀者、作者認同的建立等多個方面形成了一個新的印刷文化的場域。技術改進對印刷產品的價值稀釋起到革命性的作用。隨著媒介技術的發展，社會對信息的需求越來越大，社會便分工出一部分人專門從事信息收集、整理出售的工作。隨著越來越多報刊版面的開辦，大胃口的印刷機嗷嗷待哺，對稿源的需要與日俱增，於是職業或半職業的寫作群體應運而生。到二十世紀初，出版業已初具規模，在對於近代文明包括社會和人的影響諸合力中，開始成為開智啟蒙的舉足輕重的一股力量。

媒介技術的發展能影響人們的思維方式和生活方式。當然，這種影響程度「取決於傳播的知識和信念的性質，取決於知識和信念系統化與多樣化的程度，以及取決於我們個人對作為一種信息來源的大眾傳播媒介的依靠程度」。[165]任何一種媒介都會制約人們獲取信息的途徑，影響人們的思維方式，不同媒介的運用會造成感官比例上的變化，從而產生人體新的感應輪廓，從而使人形成新的知識結構。晚清時，媒介技術的引進和應用重塑了時空結構，從而影響和加快了文化的變遷。尤其是電報技術的運用能促成一種全新的「傳播整合」狀態，這種「傳播整合」既包括傳播時間與空間的整合，又包括不同認知觀的整合。

---

165 鄧尼斯・麥奎爾、斯文・溫德爾撰，祝建華、武偉譯：《大眾傳播模式論》（上海市：上海譯文出版社，1987年），頁12。

　　雖然印刷文化的解放意義仍然是有限的，它在一個較大的範圍內又形成了新的傳播壟斷，因為數量巨大的沒有足夠讀寫能力的人自然被排除在外，傳播的載體在一定程度上被當作了知識本身。印刷傳媒內容的複雜和理解循序漸進的特點，造成閱讀群體明顯的等級差異和相互間交往的隔絕。[166]但毋庸置疑的是，印刷技術大規模的展開，自然帶來具有「現代」意義的社會文化變革。先進的技術手段使得出版物得到迅速的批量生產，從而影響千百萬手中的觀念與思想。在這樣一個「物質變精神，精神變物質」的過程中，印刷出版技術自是必要的前提。

　　當然，若要細分的話，晚清時報刊和書籍對受眾的影響也有所不同。借用魯迅先生的話，報刊往往可以起到「匕首」和「投槍」之功用。而書籍無論從形式還是內容來看都更為厚重，稱得上集束型的武器——其中不少佳作更可稱為重磅炸彈。晚清伴隨媒介技術發展而來的書籍報刊的合力，對於廣大受眾影響之烈、效果之強，都是令人稱道的。甚至毫不誇張地說，晚清印刷出版界就是其時社會傳播習俗轉變的直接策源地。

---

166 陳力丹：〈試看傳播媒介如何影響社會結構——從古登堡到「第五媒體」〉，《國際新聞界》2004年第6期。

第五章
媒介技術影響傳媒制度的動因

就實踐過程而言，媒介技術不僅僅是社會變革的一股動力，也是社會變革的一個因素，和社會變革的其它領域緊密纏繞。雖然有時候媒介技術也演繹著與社會發展非同步的變奏曲，但總體上看它們是同步向前的。

那麼，晚清時媒介新技術是怎樣深刻而密切地融入日常生活之中的？它是怎樣鞏固自己的位置的？更為關鍵的是，媒介新技術是怎樣對其時的傳媒制度發生影響的？或者說，晚清時媒介技術對傳媒制度的影響是如何可能的？

第一節　活字印刷術為何長期未成主流

在公元一千五百年以前，跟西方相比，中國印刷出版的數量占絕對優勢。但到了十六世紀末，西方的圖書產量已經後來居上，而世界科技文明的中心也逐漸從中國轉移到西方。西方學者同樣注意到，早在七至八世紀中國就發明了印刷術，然而印刷術「似乎沒有產生解放思想的影響」，「這個率先發明造紙術、印刷術、火藥和羅盤的國家」，「在設計十八、十九世紀的動力紡織機、蒸汽機和其它革命性機器中，這個民族沒有走在前面，這實在是令人驚詫」。[1]尤其十九世紀

1　馬歇爾·麥克盧漢撰，何道寬譯：《麥克盧漢精粹》（南京市：南京大學出版社，2000年），頁196。

中葉以來，中華文化不但無法保有主導地位，相反卻飽受現代西方文明的衝擊。這種衝擊帶給中國人的，可以說是對整個五千年苦心經營起來的文明的一種全盤性的挑戰。

的確，在人類的文明進程中，中國曾長期處於世界領先地位。那麼發明了造紙術和雕版印刷術、在古代出版印刷業長期領跑的中國，怎麼會由盛而衰，從先進變成落後呢？或者，可以把這個問題置換成另外一個疑問：活字印刷術在中國古代為何長期未成主流？[2]

一 技術難關未能攻克

從字模製作來看，只要是熟練的木工都可以進行雕版的活計，印刷技術容易普及，而且雕版保存時間長久，便於收藏。而活字印刷工藝要求高，漢字常用字多達幾千，筆劃繁複，要「用膠泥刻字，薄如錢唇」，「火燒令堅」，排版後要「字平如砥」，的確不是易事。

從字模質地來看，鐵在中國古代是官營的，受到官方控制。「活字印刷使用的活字往往局囿於木製或泥製。而無論是木活字還是泥活字，或者因收縮不均勻造成破裂、變形，或者因木理有疏密，造成沾水則高下不平，兼與藥相黏，在印刷效率和印刷品質上同歐洲所使用的鉛活字顯然是不可同日而語的。同雕版印刷相比，金屬活字印刷不僅要求有較高的冶金、鑄造技術，而且對機械設備的要求較高。因為活字排版只有在結合機械化印刷的條件下，才能提高活字的使用率，從而充分發揮活字印刷的優越性。而這在當時的中國是不具備這樣的

---

2 其實，這不僅是在中國才有的現象。歐洲剛開始出現印刷書時，也並非立即就受到歡迎。活字印刷在當時歐洲讓人不肯接受的主要原因是宗教信仰的影響，所以也是費了一百年左右的時間，才到達稱得上普及的程度。不過這種普及花費的時間和遭遇的阻力相對中國的活字印刷推廣來說仍算比較順利。

技術條件的」。[3]中國應用金屬活字、使用活字用印刷油墨較晚，而這兩項發明是保證活字印刷品質的關鍵。活字印刷要求字模一定要高低大小一樣。不然就會影響印刷品質。但在當時，手工自造的活字字模，是無法保證活字模的大小長短完全一樣的。[4]

　　從排版來看，因為漢字常用字太多，排版時技術複雜，很容易出現誤差，而且字模相互之間容易黏連。再說一旦版被拆了，再印就必須再排版。活字印刷只適合印刷品字數較少的作品，印完拆去以後還能給繼續使用。而雕版在重複印刷作品上比活字印刷節省時間和精力，而中國古代印刷的書籍大多是反覆刊印的經史子集等，完全可以一次性製版重複翻印。

　　從印刷效果來看，雕版印刷出來的書籍，其印刷品質和美觀程度，普遍好於活字印刷。而且，雕版在印刷圖片方面有著活字印刷難以比擬的優勢。所以，儘管明清時活字印刷已很常見，木活字、鉛活字均已出現，但活字印刷一直很難達到雕版的精美程度，所以直到清朝仍是雕版占憂。

二　成本巨大缺乏競爭力

　　漢字數量太多，製造活字成本高，出版商無力為每個漢字造金屬

3　肖三、王德勝：〈從傳播技術視角解讀文化的發展——兼論李約瑟難題〉，《科學技術與辯證法》2005年第2期。

4　人們雖採用了很多方法——如用蠟、松香、紙灰墊在活字地下然後加熱的工藝——來解決這些問題，但效果仍不理想。所以活字印刷在印刷品質量上，始終無法與雕版印刷相抗衡。在鑒別是否是活字版書籍的時候，其字印刷有深有淺，是一條重要依據。活字印刷之所以在西方被大量使用，是因為它利於工業化大規模印刷。但是西方活字印刷的普及也是在其工業化之後。德國率先開始用機器生產金屬活字（字母），才真正解決了這個問題。

字模。在傳統的中國活字印刷中，最常用的漢字每個至少要準備二十種不同類型的活字。雍正年間，為了印刷書籍，內府印刷廠鑄造了二十萬個銅活字。顯而易見，數量如此巨大的鑄字原料是相當浩繁而且成本巨大的。

而雕版一次成型就可以一勞永逸，雕版能留住版，這對出版商來說有時成本反而更加低廉。雕版可以長期存放，隨時加印。因此在印刷嚴肅書籍是用效果好的雕版印刷，印小說等價格敏感書籍時用便宜而品質較差的活字印刷似乎不難理解。同雕版印刷相比，活字印刷的成本較高，如果不在規模和效益上做文章，活字印刷是沒有競爭力的。而在當時的中國，恰恰就缺少這樣的條件。

三　人員素質難以跟進

人員素質也是極為重要的問題。如果說技術問題還可以解決的話，那麼人員素質問題在當時來講，簡直無法克服了。中國古代可能為了做詩方便，形成了按字韻的文字分類習慣，因此印鋪排字往往不是依據偏旁部首，而是依據音韻。一看到書稿，就要知道這個字念什麼，知道到哪個韻部去選字，還要在眾多的各不相同的反字中，挑出所需之字，這樣的人文字功底必須十分紮實。而有這樣紮實的文字功底的人，誰還願意做排字工？

實際上活字印刷的普及還需要全民整體文化素養的提高才行。要大量的人都能讀書識字，並且閱讀文字產品成為一種廣泛普遍的需要時，才會使活字印刷的便捷、迅速與高效充分地發揮出來。只有有了廣泛的對更廉價的文字印刷品的需求，才會使活字印刷術因其低成本、高效率而取代雕版印刷術。還有當文化普及之後也可以為活字印刷提供大量具有一定文字功底的印刷工。這一切都是當時中國所無法達到的。

而現代當這些條件都具備了的時候，活字印刷的優勢才發揮了出來。並且被廣泛使用。相對於雕版印刷來說活字印刷更適合工業化生產的時代。這也就是為什麼在古代幾乎被人們遺忘了的活字印刷術，到了近現代反而大放異彩的原因。

四　傳統道德觀念的束縛

儘管中國的理論水準在中世紀相當長一段歷史時期裏高於西方同期理論水準，「但中國的文化結構卻阻礙構造性自然觀在中國古代科學理論中確立自己的地位。科學的倫理中心主義，技術化和政治化都使中國古代科學理論長期停滯在有機自然觀階段」。[5]中國文化傳統中比較鄙視投機取巧的人，所以對待印書，國人是寧可煩瑣，也不願褻瀆。相反，人們更容易把活字印刷術視作不值一提的雕蟲小技，這就直接阻礙了活字印刷技術的發展。而且中國人做事講究心誠，尤其是讀書做學問，更被視為崇高之事，由於當時活字印刷術的限制，印刷過程中容易出現「印瘡」，在讀書人看來無疑是對聖賢書的褻瀆而難以接受。

五　相關正式制度的缺位

首先是一個官方封鎖的問題。中國歷來是上尊下卑的社會，統治者往往限制和控制文化普及。活字印刷這種新生事物出現伊始即被官方壟斷，普通百姓難以享受這一新的技術成果。

其次，封建教育體制對活字印刷術的發展也有阻礙。教科書是古

5　劉青峰：《讓科學的光芒照亮自己》（北京市：新星出版社，2006年），頁242。

代書籍出版中的重頭戲,而中國古代長期處在封建王朝統治之下,朝代雖不斷更迭,但以儒學治國之道始終未變,四書五經等儒學經書成為學塾必讀之教材。隋唐以後,科舉取士更使中國文人囿於狹窄的讀書範圍,並逐漸形成了長達千年的文化傳統。由於文人所讀經典千年不變,活字印刷術的優點無處彰顯,甚至還不如雕版印刷的效果精美,所以活字印刷書自然難以推廣和普及。

再次,中國古代印刷出版沒有生產標準化、缺少智慧財產權保護,個人難以從技術發明中得到實際收益,也在不同程度上阻礙了活字印刷術的推廣。

六 基礎知識存量的欠缺

任何媒介技術的存在和發展都離不開特定社會技術體系的支撐,這種社會技術體系包括三個方面:物質資源、智力資源和社會條件。其中智力資源指科學知識和技術知識及能力的狀況等。活字印刷術在中國古代未得到充分發展的一個重要原因是基礎知識存量的欠缺。因為只有基礎知識的存量能夠擴張,否則新技術的發展最終會陷入收益遞減的境地。這種基礎知識取決於自然科學規律的發現和運用。這裏實際上涉及到科學和技術的關係問題。

近代科學技術結構是一個有機的整體,它的產生、演化是和一定的社會結構的演化相一致的。近代科學技術結構的形成和發展有三個必要條件:其一是原始科學結構的種子;其二是大一統型的通訊技術;其三是社會結構的轉化,特別是新的社會結構要比舊結構有更大的容量。[6]近代西方科技能夠迅速發展的一個重要原因就是近代開放

---

6 劉青峰:《讓科學的光芒照亮自己》(北京市:新星出版社,2006年),頁258。

式的科學技術結構的出現。這種結構指科學理論、實驗和技術三者之間形成了一個有機的整體，從而使得近代科學技術能在和整個社會的相互聯繫中具備了迴圈加速的發展機制。

　　而中國古代的許多技術發展常遇到兩個重要的束縛：古代技術第一個束縛是技術和它的目的物——產品不能分離；第二個束縛是技藝和匠人的手和腦不可分離。這兩個特點造成了古代技術的凝固性和封閉性。[7]這裏的凝固性和封閉性不是指內容或水準，而是指技術的結構。在一種封閉的技術結構中，也有可能出現高超的技藝，但它仍是個別的和封閉的。也就是說，中國古代長期未出現這種開放式的科學技術結構，這一點也使得活字印刷術的諸多缺陷未能通過整個技術體系的發展得到解決。

七　社會需求的不足

　　縱觀傳媒發展史，我們不難發現，傳媒的發展，不僅是科學技術提供支持的結果，更是社會生活對傳播內容需求不斷推動所使然。[8]「社會需要」刺激傳播技術的創造，看來是一條規律。[9]歐洲活字印刷的快速發展就是適逢社會需求的強烈牽動。十五、十六世紀的西方，文藝復興的大旗已高高豎起，整個歐洲正面臨著一場前所未有的思想大解放。由於各種新思想、新思潮的大量湧現，廣大的知識分子紛紛著書立說以宣揚自己的觀點言論。這客觀上也為活字印刷的普及推廣提供了絕好的外部條件。從一四四五年至一五〇〇年，歐洲先後

7　劉青峰：《讓科學的光芒照亮自己》（北京市：新星出版社，2006年），頁89-90。

8　童兵：〈論傳媒技術與內容需求的互動〉，《新聞記者》2006年第3期。

9　陳力丹：〈試看傳播媒介如何影響社會結構——從古登堡到「第五媒體」〉，《國際新聞界》2004年第6期。

建起一千多個印刷所，出版了三萬五千多種印刷品，發行量多達一千萬份。[10]而中國古代長期缺乏新聞傳播的規模化社會需要，對活字印刷術的推廣無疑是個致命的障礙。

以宋代為例，其與文化發展水準及傳播物的要求尚未達到急需活字印刷術的狀況有關。泥活字「止印三二本，未為簡易」，反而是雕版印刷旋寫旋刻，不必一一找字、布字，顯得更方便些。況且，宋代傳播量大的多為一些詩、詞、小文或曆書等，這些傳播物往往篇幅短小，刻寫方便，版印銷售也很容易，而大部頭的宏篇巨製印製數量並不多，如北宋初年規模空前的「類書之冠」《太平御覽》凡千卷，當時的印製數就不會很多，市場上也沒有這樣大的需求量。同樣，《冊府元龜》、《文苑英華》、《神醫普救》也皆為千卷本，且字數繁多，如《冊府元龜》字數就接近一千萬字，像這類書若印「數十百千」本，尚能神速，否則，就難以體現活字印刷的優越性了。[11]直到十九世紀中後期，不僅中國傳統的經史子集，甚至江南製造總局翻譯館所譯物理化學等自然科學書籍的印刷，也都是以雕版為主。

關於活字印刷術在中國和歐洲不同的命運已有相當多的研究，無論從文字系統差異出發，還是比較技術成熟的水準，抑或分析不同的社會需求，這些不同的解釋最終都指向了一點：任何媒介技術的發展都內嵌於特定時期的社會背景之中，而不可能獨立於外。

第二節　晚清媒介新技術自身的擴散

美國學者埃弗雷特．M．羅傑斯在《創新的擴散》一書中指出，

---

10 吳廷俊：《科技發展與傳播革命》（武漢市：華中科技大學出版社，2001年），頁85。
11 清颺：〈媒介技術的發展與宋代出版傳播方式的變革〉，《浙江大學學報》（人文社科版）2001年第5期。

一項新技術要得以擴散，必須具備創新、傳播管道、時間和社會系統四要素。[12]那麼，晚清時，中國媒介技術又為何能夠獲得迅猛發展，並且對傳媒制度產生了如此之大的影響呢？換言之，晚清媒介技術的創新又是如何能夠擴散開來的？

一　創新

很顯然，在新技術能夠得以擴散的四要素當中，創新是先決性的要素。羅傑斯指出，可以從相對優勢、相容性、複雜性、可試性和可觀察性五個方面衡量一項新技術的創新性。[13]

即使不談傳播管道、時間和社會系統這三大要素，中國古代的活字印刷和雕版技術相比，在創新性的五個指標上均不佔優勢，有的指標上甚至明顯處於劣勢，因此活字印刷新技術就很難迅速擴散開來，長期未占主流也就理所當然了。

晚清時期對報紙發展影響比較突出的新媒介技術毫無疑問應該首推近代活字印刷術和電報技術。這兩項技術得以擴散並對印刷出版活動產生重要影響，首先取決於它們的創新性。

1 相對優勢

相對優勢是一項創新比起它所取代的方法具有的優勢。相對優勢除了用經濟因素評價外，還可以用社會聲望、便利性以及滿意度來評價。一項創新的相對優勢越大，它被採用的速度自然也就越快。

---

12 埃弗雷特‧M‧羅傑斯撰，辛欣譯：《創新的擴散》（北京市：中央編譯出版社，2002年第4版），頁10。

13 埃弗雷特‧M‧羅傑斯撰，辛欣譯：《創新的擴）》（北京市：中央編譯出版社，2002年第4版），頁14-15。

　　十九世紀初葉，歐洲的近代機械印刷術開始傳入我國。當邸報、京報還在手抄、木刻活字（或膠泥活字）印刷的時候，外報已經利用近代科學技術傳輸稿件和排印報紙。首批中文近代報刊是木板雕印的，但很快就出現了石印和鉛印。石印技術使得畫面的準確複製成為可能，省卻了雕刻師的艱辛與雕刻過程中的變異。石印作品明如犀角，毫髮畢具，能把畫家的細緻筆觸與恢宏場景逼真地再現。而且石印技術使用簡便快捷，所以甫一傳入中國旋即受到熱烈歡迎，並在此後的半個多世紀內始終佔有一定的比重。這項技術的盛行也帶來了石印報刊和書籍在晚清的繁榮，為傳媒信息走向大眾奠定了基礎。

　　在石印技術得以發展的同時，鉛印技術也被引入國內並不斷完善。一八○七年，英國基督教傳教士馬禮遜奉倫敦布道會之命來到中國，隨後即開展了廣泛的翻譯、出版活動。一八三四年美國傳教士將一套漢文木刻活字送住美國波士頓，複製成鉛鑄活字後送回中國。一八三四年法國傳教士也在巴黎複製了一套漢文鉛字。十九世紀五○年代，外國人辦的印書館又製成電鍍漢文字模和以二十四盤常用字為中心的元寶式字架。一八五八年，美國人姜別利（William Gamble）來到上海的美華書館，以獨特的方法研究和改進中文鉛活字。一八五九年他首創了中文電鍍字模的新方法。字模是鉛活字的母體，母體字品質提高了，澆鑄出的鉛活字當然會更清楚，印刷的產品品質就會大大提高。姜別利的發明創造為中文鉛活字的發展和儲字方式的改進做出了巨大貢獻。[14]十九世紀六○年代「美華字」[15]開始成為印刷出版行

14　陳燕：《超越時空——媒介科技史論》（保定市：河北大學出版社，2002年），頁35。

15　一八六九年，姜別利離職返美途中，應本木昌造邀請前往日本傳授技術，姜氏在日本鑄造了字型大小完備的漢文、英文、日文三副字模，並傳授了電鍍制模、鑄造活字技術等技術，由此，開始了中、日兩國在銅模、活字商品和製造技術以及活字字體設計方面的相互交流的通用時代。與之前的戴爾字相比，姜別利的字在筆劃設計上更加美觀，曲線也更加流暢，筆劃的粗細比例嚴謹協調，整字的字形接近現代的宋體，被稱作「美華字」。

業的主要用字，此後幾十年中一直都是中國最通用的鉛字，在造華文鉛活字上可說是一次革命。歐洲最初傳入中國的印刷機是手板架，需要手工上墨，效率甚低，每天不過印數百張。不久，自來墨架傳入中國，印刷速度大為加快。一八六一年創刊的《上海新報》首先採用國外進口的白報紙，兩面印刷。後改用蒸汽以及火力動力，印刷效率增加一倍。這些成果，逐漸為各報所採用。到了七○年代前後，多數中文報紙已經改用鉛字印刷。

　　一八七二年（同治十一年），上海申報館已經開始設置手搖輪轉機，每小時幾百張報紙，用中國生產的連史紙單面印刷。率先採用煤氣印刷機的是一八七九年四月十七日在上海創刊的英文月刊《文匯報》（The Shanghai Mercury）。而蒸汽印刷機和鑄字機的使用，更顯著提高了生產效率。一八九八年（光緒二十四年），日本仿製歐洲的輪轉機輸入中國，因價格低廉，多為當時出版業所採用。光緒三十二年（1906）由英國人發明的用電氣馬達作動力的單滾筒機傳入中國，每小時可印一千張，俗稱「大英機」。[16]

　　可以用雕版印刷的《海國圖志》為例比較一下不同印刷技術的效率。當然，要精確計算一八六一年前《海國圖志》的受眾數無疑是個難題.這裏只能根據時人的記載和該書的出版情況大致推算。在一八六一年前，該書先後由作者增訂兩次，因而有五十卷、六十卷和一百卷三種。前兩種分別兩次印刷，後一種印刷一次。這樣共有五個版本。這五種版本均為木刻活字印刷。按照此時的印刷水準，木刻活字一次通常只能印兩百本，再多「字劃就脹大模糊」。照此推算，該書在二十年間雖五次印刷，僅印出一千部左右。這種大部頭的學術巨著（五十卷本即有十九冊之多）所擁有的讀者不可能像報刊或暢銷的通

---

16 吉少甫：《中國出版簡史》（上海市：學林出版社，1991年），頁262-263。

俗小冊子那樣多。倘若以每部有十位讀者計之，二十年間讀者總數也不過一萬人，年均才五百人。《海國圖志》每年的受眾才佔有閱讀能力者的七千分之一，若以全國總人口四億計之，則就更微乎其微了。[17]由上可見，採用西方引進的先進印刷技術，其工作效率已遠非雕版印刷和中國古代活字術所能比擬的。

相對中國古代的信息傳遞技術，電報技術的相對優勢更是顯而易見的。由於是利用電磁波作載體來實現人類遠距離傳輸與交換信息的通信方式，電報技術可使信息瞬間即達，是第一個使人體運動與信息運動分離的發明，讓時間戰勝了空間。電報作為日後大眾媒介的先聲，對當時的社會有著石破天驚的衝擊。電報通信的開設，立即顯示出其技術先進的效益。電報在中法戰爭中發揮的積極作用，改變了以往對外戰爭中清政府由於閉目塞聽，消息不靈而被動挨打的局面，李鴻章在為電報員請獎時曾說，「中國自古用兵，未有如此之速神者」。另外，清政府還利用電報辦理對外交涉，瞭解外貿行情，發展對外貿易。

簡單總結可以發現，西方近代媒介技術所展現的效用與效率優勢懾服了中國人，讓中國人自慚於原有技術的落後。「在中國人的主觀認知裏，西方現代文明此一表現在器用層面的優勢，隨著他們之認知領域的擴大與加深，繼而擴散至其它層面，如制度、思想、價值、信仰體系，終產生了所謂『全盤』西化的主張。」[18]

---

17 張秀民：《中國印刷史》（上海市：上海人民出版社，1989年），頁699；黃麗鏞：《魏源年譜》（長沙市：湖南人民出版社，1985年），頁227；閻小波：《中國早期現代化中的傳播媒介》（上海市：上海三聯書店，1995年），頁5。

18 葉啟政：《期待黎明：傳統與現代的搓揉》（上海市：上海人民出版社，2005年），頁116。

2 相容性

　　相容性指一項創新與現存價值觀、潛在接受者過去的經歷以及個體需要的符合程度。比起與一個社會系統的價值觀和標準相容的創新，不相容創新的採用速度慢得多。一項不相容的創新要被採用，通常要求該系統在採用一套新的價值觀以後才能實現，而這往往是一個很慢的過程。[19]

　　一項創新被採用的機率涉及一個很重要的因素，那就是一個社會系統中人的價值觀、信仰、生活經驗等的包容性。[20]中國古代長期佔據主流的雕版印刷的最大缺點就是，只能一次性製版重複翻印。古代印刷的書籍大多是反覆刊印的經史子集等，雕版倒是比較適合，可在晚清新形勢下，其與社會形勢格格不入，顯然沒有了用武之地。

　　從比較中不難發現，外報是與中國古代報紙有著不同特點的近代報刊，產生這些不同特點的根本原因是物質生產條件和科學技術水準進步了，人們對新聞傳播的需求自然也提高了。雖然近代報刊與古代報紙長期並存，但前者取代後者已是必然趨勢。媒介技術體系也是一個異常複雜的演進系統，因為我們不能不顧歷史、文化、社會結構和生態系統等方面的因素，只從經濟學的角度去考慮媒介技術創新的產生、認可、拒絕、擴散和封鎖。晚清印刷出版活動好似一個巨大的坩堝，新趨勢與舊傳統在動態的張力之中進行鬥爭，傳統印刷手段和媒介新技術在此融為一體。

---

19 埃弗雷特・M・羅傑斯撰，辛欣譯：《創新的擴散》（北京市：中央編譯出版社，2002年第4版），頁14-15。

20 埃弗雷特・M・羅傑斯撰，辛欣譯：《創新的擴散》（北京市：中央編譯出版社，2002年第4版），頁4。

3 複雜性

複雜性是一項創新被理解或被使用的難易程度。有些創新可以很容易就被一個社會系統的大部分成員理解，而另一些創新則複雜得多，不容易被採用。[21]

前文已經提及，中國古代活字印刷工藝要求甚高，漢字常用字多達幾千，筆劃繁複，要「用膠泥刻字，薄如錢唇」，「火燒令堅」，排版後要「字平如砥」，但其只能一次性製版重複翻印，凡每次欲印新內容，都必須重頭再來，頗費周折。

再看近代鉛活字印刷術。從一八一五年起，馬禮遜編寫的大型工具書《中國語文詞典》也稱《華英字典》），由澳門東印度公司印刷所陸續出版。這本中英文工具書是為在華的外國人服務的。此書共分三大部分，六大卷，約五千個頁碼。中文書名用草書體，正文部分用仿宋體。字型大小有二號、三號、四號，大小不同。，印製此書，大概需要中文鉛活字十萬枚——如此浩大的工程如果採用中國傳統的印刷方式，其複雜性可想而知。

當然，近代鉛活字印刷術也是在不斷的改進中日益彰顯優勢的。比如，活字版上機器印刷，經過一至兩萬次的受力磨擦會使活字的筆劃模糊不清，印刷品質受到影響，如果要繼續印刷，還要重新揀字排版，非常費時費力。一八二九年法國人謝羅夫發明了紙型這一技術，從根本上解決了這一難題，對鉛活字印刷有著極為重要的作用。首先用活字版打、壓成紙型，然後翻成鉛版上機器印刷。紙型可以多打幾副，印刷一定次數就更換，大大保證了印刷的品質。[22]所以二十世紀中期以前鉛活字印刷一直是世界上最主要的印刷方式。

---

21 埃弗雷特・M・羅傑斯撰，辛欣譯：《創新的擴散》(北京市：中央編譯出版社，2002年第4版)，頁15。

22 陳燕：《超越時空——媒介科技史論》(保定市：河北大學出版社，2002年)，頁31。

4 可試性

　　可試性是在某些特定條件下一項創新能夠被實驗的可能性。能夠分階段採用的創新比起那些「一錘子買賣」的創新採用速度要快得多。[23]

　　戈公振在《中國報學史》中將中國近代報紙的興起分為兩個階段，最初是西方傳教士在中國創辦報紙，「是為我國有現代報紙之始，故稱之為創始時期。在此期內，報紙之目的，有傳教與經商之殊，其文字有華文與外國文之別」。在西方報紙和新聞觀念的影響下，中國人也開始自辦報紙，「迨中日戰爭之後，強學會之《中外紀聞》出，始開人民論政之端。此後上海香港日本，乃成民報產生之三大區域。其性質又有君憲、民主、國粹及迎合時好之多種」。[24]

　　西方機械印刷技術和經營模式對晚清國內各式報刊出版機構形成了巨大的衝擊，許多報刊出版結構紛紛引進西方印刷技術，倣仿外報經營模式，尤其是中國新式民營印刷出版機構已經迥然有別於以往官報局和民間書坊。

　　西方近代印刷術的基本特點就是利用機器來進行印刷。在中國，申報館是機器印刷的推動者。申報館對於近代中國出版的一大貢獻，是它將先進的西洋印刷技術投入於近代中國出版事業，並為其它印刷出版機構提供了可資參考的樣本。

　　十九世紀七〇年代，《申報》就採用手搖輪轉印刷機。美查還發表了題為《鉛字印書宜用機器論》的社論，鼓動江南地區的書商們購買新式印刷機器。申報館採用鉛字和機器印刷相結合排印了許多中國

---

23 埃弗雷特‧M‧羅傑斯撰，辛欣譯：《創新的擴散》（北京市：中央編譯出版社，2002年第4版），頁15。

24 戈公振：《中國報學史》（北京市：讀書‧生活‧新知三聯書店，1955年），頁21。

古籍，稱為《申報聚珍版叢書》。鉛字的清晰度很高，比起木製雕版字體則要小得多，自然便於印刷和攜帶。諸多競爭者在技術上和編輯路數上紛紛傚仿。

5 可觀察性

可觀察性是指在多大程度上個體可以看到一項創新的結果。個體越容易觀察到一項創新的結果，他們越容易採用它。[25]外國電報的到來以及它在當時戰爭、外交中的運用，使中國傳統的驛傳系統相形見絀，並成為影響國家之間戰略優劣的主要因素，促使當時的清朝統治者不得不認真地加以考慮。

近代電報、郵政事業在逐步取代傳統驛傳系統的過程中，也拉近了中國與世界的距離。在驛傳系統下，清朝曾開疆闢土，拓展邊地，但也僅局限於中國內部的發展。在以人力、畜力為主要方式的信息傳遞體系下，與世界其它各國的聯繫非常困難。康熙時期，雅克薩之戰勝利後，飛馳十一日告捷已屬迅速；而索額圖赴俄談判，信差往返，數月才有音訊。中國社會所暴露出來的階級矛盾和民族矛盾，已使一些明智的士大夫敏感地覺察到潛伏的危機，可絕大多數的政府要員都是顢頇自大的封建官僚，不屑一顧地把西方先進的科學技術斥為「奇技淫巧」。

在法國侵犯越南北方、威脅滇桂邊疆時，應越南政府請求，清軍於一八八一年底開進越南北圻。「其時電報未通，奏摺往返須五十餘日」。為保持滇、桂駐越軍隊與清政府通信聯絡的迅速暢通，為了加強指揮調動的能力，清政府於一八八三至一八八四年批准修建了幾條

---

25 埃弗雷特·M·羅傑斯撰，辛欣譯：《創新的擴散》（北京市：中央編譯出版社，2002年第4版），頁15。

重要幹線。[26]

　　由於中國擁有了電報這個先進的通信工具，在中法戰爭中，在一定程度上，改變了以往閉目塞聽、被動挨打的局面。開始學會利用中外聯繫便利的條件去廣泛收集情報，利用中國控制全部大陸電報的條件從法國公使發電的頻繁程度進行戰略推測，改進密碼通信等。中法戰爭爆發後，中國電報局公開通告，停止收發法國的密碼電報和涉及戰事的明通電報。這在一定程度上隔斷了法國的耳目。[27]

　　李鴻章對電報局在中法戰爭中的通信工作感到非常滿意，他對電報通信在戰爭中作用的高度評價也為清朝更高的統治者所接受，因而排除了統治者內部的人為阻力，使晚清電報出現了一個順利發展的時期。中法戰爭後，中國電報事業迅速發展，據統計，「光從一八八四至一八九九年，便架設了電線五萬五千多華里（以杆程計算，不包括短途軍用線），平均速度比創辦時期增長二倍半。從一八八一年到一九〇八年收歸國有時為止，商辦電報線路共計建成四萬一千四百一十七華里，地方官辦電報線路共計建成四萬九千四百八十華里，總計為九萬〇八百九十七華里。官辦電報局一百五十五處，商辦電報局兩百三十九處，共計三百九十四處」。[28]短短時間內，清政府的電報通信機構遍及除西藏以外的所有省份，電報通信的幹線網大體形成。

二　傳播管道

　　顯然，一項創新要被擴散和接受，僅有明顯的益處是不夠的。[29]

26　主要有津京線、長江線和廣州—龍州線。

27　郵電史編輯室：《中國近代郵電史》（北京市：人民郵電出版社，1984年），頁63-64。

28　郵電史編輯室：《中國近代郵電史》（北京市：人民郵電出版社，1984年），頁65。

29　埃弗雷特‧M‧羅傑斯撰，辛欣譯：《創新的擴散》（北京市：中央編譯出版社，2002年第4版），頁7。

從技術用途向社會用途的過渡，永遠是一個棘手的行動。[30]擺脫傳統主義並甘願接受新事物是與接觸的速率、數量和強度密切相關的。[31]因此，合適的傳播管道對於媒介新技術的擴散至關重要。

傳播管道是信息從一個個體傳向另一個體的手段，一對個體之間信息交換關係的性質決定了在什麼條件下知情方會或不會將該創新傳播給未知方，以及傳播效果如何。[32]那麼晚清媒介新技術是通過什麼樣的傳播管道傳入中國，並漸成燎原之勢的呢？

從西方活字印刷術的東傳來看，我們不得不在客觀上承認西方傳教士的貢獻。十九世紀初大批傳教士以傳教為名到中國進行廣泛的翻譯、出版活動，並將先進的印刷術帶至中國。同時為了更好地從事他們的出版活動，他們開始對中文鉛活字進行研究和創制，掀起了研究製造中文鉛活字的熱潮。隨著外國資本主義的入侵，現代化的石印技術也被介紹到中國來。一八三八年九月在廣州創刊的《各國消息》就是採用石印的。此後，在半個多世紀的時間內，石印的報刊始終佔有一定的比重，和鉛印的報刊並存了一個相當長的時期。而西方印刷新技術普遍展開之後，印刷出版行業的運作邏輯已不再是家刻和官刻時期所能比擬的。它進入了另一個嶄新的夾雜著文化理想、社會責任和商業訴求等多重目的的運營模式中。

一種新的傳播手段通常為小部分精英引入，然後變為一種大眾傳播媒介，最終發展成較專業性的傳播途徑。報紙最早經歷了完整的發

---

30 派特里斯・費裏奇撰，劉大明譯：《現代信息交流史：公共空間和私人生活》（北京市：中國人民大學出版社，2008年），頁193。

31 羅伯特・K・默頓撰，范岱年、吳忠、蔣效東譯：《十七世紀英格蘭的科學、技術與社會》（北京市：商務印書館，2002年），頁271。

32 埃弗雷特・M・羅傑斯撰，辛欣譯：《創新的擴散》（北京市：中央編譯出版社，2002年第4版），頁16。

展周期，變成了真正的大眾傳播媒介。[33]晚清時亦是如此。一種或者多種報紙的流行，除了取決於其自身內在品質以及主導思想、文章內容等方面的因素外，還需要一些與之相配的、有效的傳播管道和途徑，特別是在報紙剛剛問世的階段。在晚清時期，由於閱報成為一種新時尚，因此各地出現許多閱報社，讀報、聽報成為市民生活中的一部分。所以說，閱報社既是這樣一種新型輿論傳播管道，又是社會文化變遷的產物。[34]

正如麥克盧漢所言，「書籍是一種個人的自白形式（private confessional form）。它給人以『觀點』。報紙是一種群體的自白形式（group confessional form），它提供群體參與的機會」。[35]隨著印刷數量的劇增和印刷周期的縮短以及越來越多的白話報刊開辦出來，新式報刊書籍成為普通百姓在日常生活中獲取各種信息的主要來源，這就完全改變了中國傳統印刷出版事業與世界隔絕的封閉格局，也打破了中國傳統社會自上而下的傳播管道和文化控制。

西方其它許多先進的媒介技術和器具往往也通過傳教士或者中國留學生、海員等帶入中國，再經由多人口耳相傳，直接或間接進入普通人的生活。比如照相機及照相技術就是由英國傳教士德貞（John Hepburn Dudgeon）[36]帶入並得以傳播的。德貞於一八六〇年來華後，在北京開辦醫院，用照相技術為人治療，並到宣武門大街當眾表演，

---

33 Ray Eldon Hiebert, Donald F. Ungurait, Thomas W. Bohn，潘邦順譯：《大眾傳播媒介》（臺北市：風雲論壇出版社，1996年），頁223。

34 侯傑、秦方：〈《大公報》與晚清時期中國社會文化變遷〉，《廣東社會科學》2003年第3期。

35 馬歇爾・麥克盧漢撰，何道寬譯：《理解媒介——論人的延伸》（北京市：商務印書館，2000年），頁256。

36 英國傳教醫師德貞（1837-1901）於一八六〇年來華，一八六三至一八六七年任英國駐華使館醫師及北京英國教會醫院院長。因其在國內喜玩照相，並攜有「聚影匣」（照相機）來華。

引得許多人好奇觀看，一時之下，京城內外廣為傳播。守舊人士斥其
為異端邪術，認為照相是取「目睛之水」、「人心之血」。但有許多人
親自向德貞求教，並逐漸向下傳播。一八六三年底德貞在北京崇文門
內開設照相館，一八七三年他用中文撰寫的《脫影奇觀》刊刻出版，
該書全面地介紹了當時的攝影術，包括有關攝影化合物的名稱、分子
式，使照相技術正式傳入中國。[37]

　　總的來說，引進器物機械是中國近代傳播西方先進科技知識的重
要形式，翻譯西方科技書籍和興辦學堂是中國近代傳播西方先進科技
知識的最重要的途徑，回國留學生是中國近代傳播西方先進科技知識
的生力軍，傳教士是向近代中國傳播西方先進科技知識的一個特殊群
體。[38]而通商口岸由於其特殊的地理位置，自然成了西方媒介技術引
進的第一站，也成了傳播西方先進科技知識的前沿陣地。

三　時間

　　就時間因素而言，一項新技術的擴散需要經歷以下三個過程：
一、創新決策過程，是個體知道一項創新，並且採用還是拒絕該創新
所經歷的過程；二、個體或單位比其它系統成員採用創新更早或更晚
的程度；三、一個系統中創新的採用速度通常指結定時間內該系統中
採用創新的人數。[39]

---

37 戴念祖：〈鄒伯奇的攝影地圖和玻板攝影術〉，《中國科技史料》2000年第2期；粟多
　　樹、楊德才：〈西方科技在中國近代傳播的途徑分析〉，《科技管理研究》2004年第
　　2期。

38 粟多樹，楊德才：〈西方科技在中國近代傳播的途徑分析〉，《科技管理研究》2004年
　　第2期。

39 埃弗雷特・M・羅傑斯撰，辛欣譯：《創新的擴散》（北京市：中央編譯出版社，2002
　　年第4版），頁18。

　　一件發明的歷史就是一系列技術的、社會的轉移的歷史，但也同樣是技術和社會之間轉移的歷史。信息交往的新體系是經過一個長時期的傳播才穩定下來的。[40]也就是說，一項新技術要花很長的時間才能逐步擴散直到真正嵌入到文化習俗中去。

　　的確，晚清時先進媒介技術的引進遠非一蹴而就。如同對待其它西方事物一樣，晚清時期對西方先進印刷技術的到來，最初是持排拒態度的。儘管與傳統的雕版印刷技術相比，西方活字印刷術在速度、用料和效率等方面均有明顯優勢，然而它並沒有很快取代雕版印刷，社會上長時期內仍以雕版印刷使用最廣。之所以會造成如此局面，一方面是由於剛引進時西方印刷術還未表現出壓倒性的優勢。傅蘭雅在《江南製造總局翻譯西書事略》中提到，由於活字排版印刷後即要拆版，重印困難，無法修改，而多印又占資金，反而不如木板印刷重印方便，所以該局雖有鉛字印書架而「仍用古制而刊木板，以手工刷印」。[41]直到十九世紀末，石印技術和紙型技術相繼普及後，機器印刷的速度快、成本低的優越性才充分顯示出來。

　　另一方面的原因是由於市場需求不足，缺乏印刷技術改造與革新的動力，人們已經習慣了沿用一千餘年的雕版印刷技術，很難「移情別戀」，以至於西方教會為了讓更多的中國人皈依基督，擴大自己的傳教成果，不得不花費很大的精力去宣傳推廣鉛板宗教印刷品。[42]在這其中，作為意見領袖的早採用者（early　adopters）[43]的作用相當關

40　派特里斯・費裏奇撰，劉大明譯：《現代信息交流史：公共空間和私人生活》（北京市：中國人民大學出版社，2008年），頁3。

41　傅蘭雅：〈江南製造總局翻譯西書事略〉，張靜廬輯注：《中國近代出版史料初編》（北京市：中華書局，1957年），頁18。

42　黃林：《晚清新政時期圖書出版業研究》（長沙市：湖南師範大學出版社，2007年），頁289。

43　金兼斌：《技術傳播──創新擴散的觀點》（哈爾濱市：黑龍江人民出版社，2000年），頁46。

鍵。比如,京師同文館後來用上鉛活字印刷技術,也是「由於大學士文祥對於活字印刷的精美和工序的簡便讚不絕口」。於是,丁韙良(William Alexander Parsons Martin)[44]便把姜別利製作並送給自己的一些鉛活字轉贈給了文祥。這便是同文館印刷所的萌芽,後來它專門為皇上和同文館印刷書籍。應該說,丁韙良的宣傳收到了很好的效果。

　　同樣,電報的引入與生根開花也是頗費周折。電報於咸豐初年傳入中國,但並未引起時人注意。電報真正進入中國人的視野是在第二次鴉片戰爭之後。當時,俄、英、美等國為了利用電報這種全新的通訊工具,提高政令軍情傳達的速度和效率,加強對中國進一步的侵略、控制,都提出在中國鋪設電線的要求。清朝統治者當時對電報電線尚是一無所知,自是疑懼交加,封疆大吏則大多持堅決反對態度。三口通商大臣崇厚認為鋪設電線「於中國毫無所益,而徒貽害於無窮」,福建巡撫李福泰視電報為洪水猛獸,稱之「驚民擾眾,變亂風俗」。只有時任江蘇巡撫的李鴻章,提出因勢利導、自設電線的主張。

　　中國傳說中早有「順風耳」的神話,表達了古人對萬里之遙卻能瞬間互通消息的盼望;早有關於「日行千里」、甚至「一個筋斗十萬八千里」的種種故事,表達了古人對萬里之遙卻能即刻到達的憧憬。然而,當把「順風耳」變成現實的「電報」真的要來到中國時,卻遇到了今人想像不到的巨大阻力,不僅沒有被當作明察遠見的「仙卿」和縮地成寸的「神靈」,反而被頑固派斥責為會污染中國文化的「奇技淫巧」而遭到強烈抵制。

　　一八六五年,有一位英國人叫做 Reynolds 企圖在上海與黃浦江口之間架設一條長約十二英里的電報線。當時,如果向中國當局申

---

44 丁韙良,字冠西(1827-1916),美北長老會派至中國的傳教士,在中國生活了六十二年(一八五〇至一九一六,期間有四年不在中國),曾長期擔任中國著名教育機構北京同文館和京師大學堂的負責人,是當時在華外國人中的「中國通」。

請，是一定不能得到許可的。因此他在各種事項準備停當之後，便試
圖在沒有遭遇阻礙之先，急速進行安裝電報線，試圖製造一個「既成
事實」。但是清廷官吏們厲色睨視，鄉下的老百姓很快地把電線杆子
拔掉了。[45]

　　一八七一年，大北電報公司打算在香港與上海之間沿海岸安設一
條海底電線。電線安設到揚子江的時候，官吏們顯露了極大的不安，
因此要把電線裝到江去，並在上海上陸，便成了問題。他們便偷偷地
在夜裏把電線給接上岸去，在一個時期內，連外國人也沒有人知道電
線上岸的準確地點。中國當局的激蕩情緒慢慢地消沉下去了。但這離
清政府對電報的承認尚遠——清政府連原則上都還沒有加以承認。一
八七三年沿岸的海底電線的另一個環線也沒有得到中國當局的許可而
在廈門上陸了。一直到一八七五年，清政府才對這個既成事實予以承
認。六年以後，中國和沙俄之間所發生的伊犁糾紛給清政府一種壓
力，那就是不能不裝設電報。於是一八八一年六月，清政府便批准了
從天津到上海安設一條路上電報線，這條線實際上建立了北京和歐洲
間的交通連繫。中央各部所稱心合意的阻撓，曾使電線晚了三年才和
北京連繫。但是一旦連繫了起來，電線便迅速地伸張到中國各地。[46]
從此以後，建立的電線便環繞並橫貫整個國家：西則由上海經中國中
部至四川、雲南；南則沿海岸至廣州直抵越南北圻的邊境；北則由天
津經滿洲至西伯利亞；臺灣及海南兩大島則用海底電線與大陸相連。

---

45 於德利撰，張雁深摘譯：〈中國進步的標記〉，中國科學院近代史研究所史料編輯室、
　中央檔案館明清檔案部編輯組：《洋務運動》（八）（上海市：上海人民出版社，1961
　年），頁444-445。

46 於德利撰，張雁深摘譯：〈中國進步的標記〉，中國科學院近代史研究所史料編輯室、
　中央檔案館明清檔案部編輯組：《洋務運動》（八）（上海市：上海人民出版社，1961
　年），頁445-446。

四 社會系統

英尼斯和麥克盧漢都曾提醒人們，不要只看到傳播的內容，還要注意到媒介形式本身。但是他們的觀點後面還應該再續一句：不要只看到媒介形式本身，更要注意它所處的社會系統。因為一個技術系統從來不是純技術的：它在現實世界上的應用包含著技術的、經濟的、組織的、政治的，甚至文化的成分。因此，創新的擴散不僅是個技術事件，也是一個社會過程，總得在一定的社會系統中進行。

就新技術的創新擴散而言，社會系統就是技術創新擴散的環境，「它由一群彼此互有聯繫且有某種共同目標或特徵的單元組成。系統的一個重要特點是其有某種有形或無形的邊界，並且在一定時間內具有穩定性。這是由其成員具有某種共同目標或共用某種特徵而決定的」。[47]社會系統可以通過許多方式影響新技術創新擴散的進程，包括系統結構對創新擴散的有利或不利影響、系統的社會規範對新技術擴散的制約，以及社會系統中的意見領袖所發揮的作用。而且，任何一項新技術的擴散總是有大大小小的集團參加的社會活動過程，在這一過程中大大小小的集團必然為了自身利益而展開博弈。所以對任何一項新技術的考量，都必須將其置於特定的社會系統之中，才能對技術所帶來的社會現實進行更清晰更客觀的分析和認識。

「傳播技術需要一定的社會條件配合，而新的傳播模式也往往影響了社會機構的互動，或許未必能導引社會關係的變化，卻常是社會各機構、各階層關係變動的加速器之一」。[48]所以對晚清媒介技術的發

---

47 金兼斌：《技術傳播──創新擴散的觀點》（哈爾濱市：黑龍江人民出版社，2000年），頁49。

48 李仁淵：《晚清的新式傳播媒體與知識分子：以報刊出版為中心的討論》（臺北市：稻鄉出版社，2005年），頁14。

展，一定要置於整個社會系統中加以考察：正是整個社會系統支撐著媒介技術的發展，也正是這個社會系統在生產與消費的過程中把媒介新技術技術融會到一個更為複雜的文化與整體中。任何一項媒介新技術，都只有在契合支持它的社會系統時才能被社會不斷向前推進。媒介技術是處在人類文化環境中創造文化的複雜過程，它的發展是個複雜的文化問題，或者說，它本身就是一種文化。

晚清時的媒介新技術本身並不能自發地產生力量，只有在與社會系統的其它因素結合之後，才可能釋放出巨大的能量。比如「知識群體有了思想上的認識，感覺到了新式媒體潛在的社會改造的可能性，新生的技術工人掌握了新的印刷技術，有了新式印刷機，具備了一定的文化生產能力，可以編印新式報刊、可以大量出書，生產此前完全不能想像的文化產品，這確實是一個此前未有過的新景象」，但這種新式印刷出版要想真正展開它的技術力量，釋放出新技術潛在的改造社會文化之功用，還需要「通過具體的個人和實際工作的運作，形成與前此功能不一樣的組織結構，能夠不僅僅依靠某個人在個別狀況中實現，而是能具有普遍性地展開」。[49]

晚清媒介技術的發展離不開洋務運動這樣一個重要的社會背景。洋務運動時期各種變化並非單純的技術、器物變革，也不是個別、孤立的歷史表象，而是系統的社會變遷，是深刻的社會結構性變革。儘管這個過程不過剛剛啟動，但它畢竟邁出了艱難而可貴的第一步，為爾後更大規模的變遷奠定了基礎。

思想與思想的接觸往往明顯地刺激了觀察與首創性。通過互動的媒介，觀念和經驗就可以變成創新和發現的要素。一旦有了社會相互

---

49 雷啟立：《印刷現代性與中國現代文學的發生》（上海市：華東師範大學博士學位論文，2008年），頁54。

作用，就有了一種可能性（更多的思想相互接觸，就有更大的可能性）。[50]在西方各種先進技術的感召之下，晚清時人們對先進技術的作用愈加重視，新知識群體紛紛成立各種社團，研究技術和工商之學，力求通過實業為民族振興出力，一些科技界人士在發起成立工業建議會時表示：「深願我學術家、資本家合群策群力，以企圖工業之發達，國計民生胥有賴焉。」[51]作為先進技術系統的一部分，媒介新技術的發展自是順理成章之事。

人們面對外來的陌生異質文化時，首先對接上的是沉澱長存在自己之經驗倉庫中的既有傳統。傳統是集體無意識中根深蒂固的文化要素，也是人們學習新奇事物時不可或缺的穩定劑。若存在既有熟悉的事物作為基礎，人們便能更為安心和踏實地接受新的事物。這是人性中保守的一面，也是傳統這一文化要素扮演重要角色的心理基礎。從這一點而言，能夠在偌短時間內突飛猛進的晚清媒介技術並非毫無基礎的空中樓閣，中國傳統的印刷出版技術也為其奠定了良好的基礎。譬如四川印刷技術的發展曾因明末清初的大動亂飽受衝擊，但在乾嘉時期就又得到了迅速地恢復與發展，「已在實踐中形成了包括備料、寫版、畫版、校對、清版、貼樣、刻版、打樣、校對、付印十項工藝流程」。[52]作為社會結構的重要層面和要素，媒介技術的發展從一個側面反映了晚清社會的變遷，並對社會結構的其它層面和要素的變遷產生了重大影響。

---

50 羅伯特・K・默頓撰，范岱年等譯：《十七世紀英格蘭的科學、技術與社會》（北京市：商務印書館，2002年），頁271。

51 參見《申報》，1912年3月3日。

52 陳世松、賈大泉：《四川通史》（成都市：四川大學出版社，1993年），冊5，頁246。

第三節　媒介新技術的影響擴散──作用於傳媒制度的方式

面對晚清的困頓局勢，越來越多的知識分子逐步意識到原有知識方式的無能為力。他們將改造中國的希望放到已經呈現出新氣象的傳媒文化上。不過，一種新的傳媒文化要想大規模地展開，從而影響整個社會，僅有知識階層的焦慮和希冀是遠遠不夠的，它要發揮力量的前提是媒介技術得到大規模的推廣和運用。

那麼，晚清媒介技術的發展對於社會文化的生產到底意味著什麼，它們又是如何對其時的傳媒制度發生影響的？

一　媒介技術發展導致傳播新觀念的產生與擴散，促使非正式傳媒制度的出現

大眾傳播媒介是社會變革的代言者，它們所能幫助完成的是這一類社會變革：即向新的風俗行為、有時是向新的社會關係的過渡。在這一類行為變革的背後，必定存在著觀念、信仰、技術及社會規範的實質性變化。[53]

在媒介新技術的衝擊下，作為普通社會成員的個體規則性知識結構發生了顯著的變化，「某種傳播觀念，某種傳播形式，某種傳播符號，某種傳播媒體或某種特定的傳播內容一旦相沿成習，具有了約定俗成性、模式性、穩定性而成為一種傳播習俗，那麼其對特定社會群體就有了強大的親和力和強制性特徵。傳播習俗重要的應用價值正是

53　韋爾伯・施拉姆撰，金燕寧等譯：《大眾傳播媒介與社會發展》（北京市：華夏出版社，1990年），頁121。

由此而決定的」。[54]

　　不過，一項新技術只有得到社會的普遍認可，才能發揮更大功用。同樣，晚清媒介技術的發展不是靜態的實體性存在，而是在與社會觀念持續互動的過程中不斷推進，從而不斷影響並促進人們觀念的改變，造出新的需要和新的語言，形成新的力量。比如早期對西方先進媒介技術有所反應者，多半是知識文化水準較低的一群人，官紳士人對這種西力入侵反而視而不見甚至竭力反對，以致統治階級對西方的反應要遠遠落後於民間社會的變化。最早參與西方傳播事業的華人，如蔡軒、梁發等人，多居住在沿海地帶，且文化水準不高，扮演了印刷工人、夾帶傳遞等角色。隨著傳播事業的發展，「有些敏感的士人也逐漸發現，這些新式傳播工具形成一個前所未有的管道，使其理想抱負與現實關懷可以藉之連接起來；此尚未完全被納入常態規範的新領域提供有心之士跨越既有權力階序、發展其個人理想的機會。無論是後來的維新派或革命派，都逐漸認識到新式傳播媒體可作為改變甚至顛覆現狀的政治工具」。[55]

　　一八九五年之後，趨新之風漸起，對新學書籍報刊的需求如大潮湧動。比如上海，各種販售、經銷、出版新學的書店競相出現，尤其在棋盤街、四馬路、望平街一帶聚集了相當多的書局、報館。[56]乃至《國民日日報》發出不無揶揄的批評：「數年來，上海書局之設立較糞廁尤多，林立於棋盤街、四馬路之兩旁，莫不借輸入文明之美名，而造出種種新名目、新樣式、新裝訂、新紙張之書。嗚呼，是社會之

---

54 楊立川：〈論新世紀初大眾媒介中的傳播習俗現象〉，《西北大學學報》（哲社版），
　　2007年第2期。

55 李仁淵：《晚清的新式傳播媒體與知識分子：以報刊出版為中心的討論》（臺北市：
　　稻鄉出版社，2005年），頁102。

56 詳情可參見上海市黃浦區檔案局（館）：《福州路文化街》（上海市：文匯出版社，
　　2001年）。

進步乎，抑退步乎？舉全國之舊讀書人，一至書肆眼花心迷，莫知孰優孰劣、孰可讀孰不可讀。而無道德心之中國書賈，從中大得獲利之方法，或張大其告白，或修飾其門面，獲利彌多而出版之書日眾，出版日重而其足附輸入文明之美名者幾希。」[57]

從熊月之描述的上海新型文化人彙聚，致而產生群體的現象中，也可以看到新學蓬勃的上海對外地士人的吸引力。[58]無論是內地士人、留日學生或學堂學生，他們往往拋卻了原有的社會關係，背井離鄉，聚集於上海，從事各種新式文化事業。他們一方面受新式文化事業的吸引，一方面更擴大了此事業的規模，甚至使其性質發生轉變。「這當然不是說上海因此進入無政府狀態，而是上海秩序的運作，要比內地城鄉經歷更多複雜而精微的權力折衝。……在轉換交接之處留下鑿圓枘方的模糊地帶，成為有意者遊走反覆的空間」。[59]

就這樣，「無數個體的微妙的變化累積起來，就逐漸地調整著本身群體的內部規則，使制度和傳統在不同的方向上發生或大或小的變化。無數個體在這種變化的過程中互相調適，熟悉新的規則，達成某種新的規則認同，從而自發地實現規則的演進，進而形成新的社會秩序」。[60]當然，由個體的自發選擇到社會層面的成文制度的變革，中間還有多個複雜的環節，但這已超出本書的討論範圍，另待撰文討論。

再以電報為例，十九世紀的電報相較今天的通信技術似乎早已不值一提，但在晚清卻可衍生出一段活色生香的傳播文化史：從各個細微之處發掘電報如何改變人類的互動模式，如何產生新的概念體系、

57　〈新書評騭〉，《國民日日報》1903年8月15日。

58　熊月之：〈略論晚清上海新型文化人的產生與彙聚〉，《近代史研究》1997年第4期。

59　李仁淵：《晚清的新式傳播媒體與知識分子：以報刊出版為中心的討論》（臺北市：稻鄉出版社，2005年），頁231。

60　秋風：〈通過市場學習規則〉，汪丁丁：《自由與秩序──中國學者的觀點》（北京市：中國社會科學出版社，2002年），頁259。

新的社會關係結構，如何改變人們的日常生活經驗。媒介技術成了人類思想、行動和社會關係的真實縮影，媒介技術的發展過程也是傳播新觀念的產生與擴散過程。

概言之，晚清時媒介技術的發展引起社會主流傳播形式的變化，主流傳播形式的變化又促使主導話語形態的更迭，主導話語形態的更迭自然導致傳播觀念的更新，傳播觀念的更新往往會衝擊舊有的傳播格局。正是通過這樣曲折多重然又確鑿無疑的內在動力學機制，媒介技術的發展對晚清傳媒制度產生了重大影響。

二　媒介技術發展對正式傳媒制度變遷產生需求

1 文化論的視角

從廣義的角度看，文化作為一個系統包含三個層面：第一是作為文化結構表層的器物層面，它所反應的是人類認識和改造自然的能力和水準；第二是作為中間層的制度層面，它是人類精神產品的非物質形式的對象化；第三是在文化結構中位於深層位置的心理層面，包括人的價值觀念、思維方式、審美情趣、民族精神等。

就文化變遷的內在邏輯而言，制度是表層文化與深層文化之間，也即器物層面和思想觀念層面的中介。所以只引進先進的媒介技術而不進行傳媒制度革新，是無法改造國民心理或價值觀念的。洋務派只從器物層入手求直接進行社會變革沒有取得成功便是明證。晚清時媒介技術的發展日新月異，對相當一部分人的心理也形成了巨大衝擊，但要想引起全社會的變革還需要傳媒制度這個中介的變遷。

不過相對於媒介技術發展，正式傳媒制度的變遷每每呈現出「滯後調整」，這種滯後，正是美國社會學家威廉‧奧格本（William

Ogburn）所認為的那種「文化滯後」[61]，但它們「正是一些重大的社會經濟問題的關鍵所在」。[62]或許處於統治階級的利益，晚清政府不願對傳媒制度進行革新，但隨著媒介技術的發展，要求傳媒制度的變遷的呼聲一浪高過一浪，被迫之下晚清政府只能對傳媒法規進行調整，一系列報律和《著作權章程》的出臺便是明證。

2 制度經濟學的視角

　　從制度經濟學的角度來看，制度變遷是一個錯綜複雜的過程，是實施制度的各個組織（包括自我實施）在相對價格或偏好變化的情況下，為謀取自身的利益最大化而重新談判，達成更高層次的契約，改變舊的規則，最終建立新的規則的全部過程。[63]由科學技術的發明和應用而引起的勞動工具的革新，不僅通過影響勞動方式來推動制度變遷，而且還導致了不同產權主體在社會生產過程中所處地位的變化，逐步占主導地位的產權主體自然要求更多的剩餘分配，這樣他們之間的博弈過程就是制度變遷的過程。

　　晚清時媒介技術發展通過分工、專業化和規模經濟帶來收益的增加，也會引起不同階級和群體在社會中相互作用和相對地位的變化，促生了與之相適應的新的生產關係，自然對傳媒制度變遷提出了要求。從這個意義上說，傳媒制度變遷的實質也是對傳媒核心資源在社會生產過程中主導地位的承認和在剩餘分配上向其擁有者傾斜的過程。而且，媒介技術專業化的增益越大，生產過程的階段便越多，交

---

61 威廉・費爾丁・奧格本撰，王曉毅、陳育國譯：《社會變遷——關於文化和先天的本質》（杭州市：浙江人民出版社，1989年），頁106。

62 T.W. 舒爾茨撰，陳劍波譯：〈制度與人的經濟價值的不斷提高〉，R. 科斯等：《財產權利與制度變遷》（上海市：上海三聯書店，1991年），頁251。

63 林紅玲：〈西方制度變遷理論述評〉，《社會科學輯刊》2001年第1期。

易費用也就愈高。專業化增益和專業化費用之間不斷尖銳的緊張關係，也在促使傳媒制度加以變遷。

從制度經濟學的角度來看，制度選擇主體識辨與預期制度安排創新中的成本與收益的確定性和程度高低的能力越強，制度創新的成本將越小，利益就越大。[64]晚清社會是由以農業和家庭手工業相結合的傳統經濟向以自由市場經濟轉變的過渡時期。經濟體制、政治體制的變更，價值觀念、意識形態的變化，使晚清社會處於非常態的制度變遷過程之中。因為要自發地形成與媒介技術發展過程相適應的正式傳媒制度安排，成本太高，時滯漫長，而移植一種制度安排較之制度「發明」會縮短其時滯和降低其成本，所以晚清系列傳媒法規中相當一部分皆自日本傳媒法規移植而來。這種移植顯然也從側面支持了媒介技術的發展，使其對傳媒制度的影響進一步成為可能。

三 媒介技術發展會降低傳媒制度變遷成本，從而有利於制度創新

制度變遷的實質是制度創新，即指對一種更有效益的制度安排的創新過程，是制度主體通過創建新的制度安排獲得追加利益的活動。同時，只有當制度創新所設立的目標與既定的制度遺產距離較近時，其變遷成本才較低，制度變遷的目標才更易實現。

晚清時，印刷技術和印刷材料設備的引進，使印刷複製技術從手工生產到機械化生產，極大地提高了書報刊等印刷媒介的印刷品質和印刷速度，增加了書報刊的數量，降低了印刷成本。而電報等先進通訊技術的運用則大大降低了建立在大量個人參與基礎上的制度安排的

---

64 張東剛：〈論中國近代化過程中的制度安排與變遷〉，《南開經濟研究》1994年第5期。

組織成本，這也使創辦報刊變得有利可圖，於是不斷有人加入報刊出版的行列，尤其在一八九五年以後形成了兩次辦報高潮，報刊數量迅速增加。[65]正是由於晚清新式出版使成本降低，書籍報刊由少數上層人士的專有品變為廣大民眾都可以看到的讀物，各類新思想、新學說能夠廣泛傳播，營造出新的傳媒文化環境，增強了傳媒制度變遷的供給力量。這樣一來，晚清時傳媒制度變遷的目標只能是順應時代潮流，適應新的傳媒文化環境，統治階層已無法對其變遷設置障礙，其變遷成本自然大為降低，變遷目標自然也更易達成。

四　媒介技術與其它因素產生合力，共同作用於傳媒制度

由於非正式規則和正式規則的變遷方式不同，所以均衡的制度只是一種局部均衡。因為均衡是局部的，所以制度總是要變遷的；因為局部是均衡的，所以制度變遷又總是漸進的。[66]傳媒制度的變遷過程實際上也是具有不同偏好、利益和政治力量的制度變遷主體之間的博弈過程。

1　其它技術的助推

傳播媒介的影響都來自於一個簡單的技術事實：每一種現代化的媒介都提高了控制時間和空間的能力。它們通過縮減傳播者和受眾、信息和介質之間的距離來實現這一點。比如晚清新式的印刷出版技術

---

65 據《中國近現代出版通史》的統計，從一八九五年到一九一一年出版了五百多種中文報刊。這些報刊主要集中在上海（三十三種）、香港（六種）、廣州（七種）、北京（六種）、天津（五種）等地。而在一九一一年，創刊的又超過兩百種。葉再生：《中國近現代出版通史》（北京市：華文出版社，2002年），卷2，頁3-4。

66 林紅玲：〈西方制度變遷理論述評〉，《社會科學輯刊》2001年第1期。

解決了快速生產和標準化傳播的問題，並能以足夠的發行量滿足廣大地區的需求。但是媒介技術本身並不擁有一個有效的發佈系統，它必須依賴與通訊和交通運輸技術的發展，才能實現快速而廣泛的流通。

晚清「凡鐵路設站、電報設局之各處，均添設郵政官局」，顯然鐵路運輸速度快、運量大、運費低為印刷物的快捷廣泛流通大開方便之門，而電報雖然「瞬息之間，可以互相問答」，時效遠勝於文書傳遞，但電報最終還是要經過投遞，必須借助郵政現成的網路與人力方能順利進行。也就是說，晚清先進的媒介技術必須在交通運輸等技術的助推下，方能為信息的傳遞提供更好的平臺，並進而影響傳媒制度的變遷。

2 技術與政治的一致內因

由於傳媒制度與政治體制具有高度的耦合性，媒介技術作用於傳媒制度可以通過一種「間接途徑」，即通過作用於政治體制再傳導到傳媒制度上來。晚清「新政」後，傳媒制度的變遷急遽提速，便是一個佐證。

歸根結底，就技術與政治的關係而言，技術是政治的影子，政治則是技術的靈魂，技術的產生依賴於政治的推進和影響。實際上，技術所表明的是人與自然界之間的關係，政治所表明的則是人與人之間的關係。在古代中國的變革傳統中，政治權力中心往往才是制度創新的決定力量。政府作為一種政治組織極為深刻地影響著制度變遷的軌跡。所以，晚清時媒介技術的發展要對正式傳播法規產生影響，顯然離不開權力中心的主導。同樣的，晚清政治的有效統治也離不開媒介技術的支撐，媒介技術是實現政治目的的重要手段。從某種意義上說，媒介技術與政治都是滿足人的需要的手段和工具，內在的動因是一致的，只是兩者的指向物有別而已。

3 歷史契機中的關鍵節點

很多史書中的歸納和演繹可能導致我們產生一種誤解：誤以為所有已經發生的歷史事實都是一種預計和深思熟慮的結果。以致我們回顧歷史上某種事件或某個現象是如何達到其現狀的時候，我們總能詮釋出其為什麼發生的客觀規律。但事實上，歷史不是一部事先寫好的劇本，而是一支雜亂無章的即興曲，在發展的每一步中，都蘊藏著無限多的插曲。細小的事件和偶然的情況也能把歷史發展引入特定的路徑，而不同的路徑最終會導致完全不同的歷史進程。

也就是說，儘管歷史具有某種必然性，不以人的意志、意識為轉移，但歷史並無預定路線或模式，存在著多種多樣的可能性。這些可能性要得以實現，很多時候要取決於已經存在的偶然因素，特別是某些關鍵節點和重要契機。

中國的近代文化運動既然不可能是由內而外、自下而上的自發演進過程，而是一個外爍的、引進型的文化運動過程，那麼，「近代文化運動的發起，就有待於這個當時中國唯一之精英群體的士夫階層的行動；既然士大夫們『雨過忘雷』、『仍復恬嬉』，那麼只能讓更大的『雨』和『雷』來驚醒他們」。[67]

心理學理論認為，人們的心理活動有一種「恐懼喚醒」的功能，一旦國家民族出現重大危機和社會問題時，人們的觀念常常在短期內發生極大的改變。康有為在中法戰爭失敗後就敏銳地洞察到中國的癥結所在：「夫泰西行之而富強，中國行之而奸蠹何哉？上體太尊而下情不達故也。君上之尊宜矣，然自督撫司道守令乃至下民，如門堂十重，重重隔絕，浮圖百級，級級難通。夫太尊則易蔽，易蔽則奸生，故辦事不核實，以粉飾為工，疾苦不上聞，以摧抑為理。至於奸蠹叢

---

67 汪林茂：《晚清文化史》（北京市：人民出版社，2005年），頁91。

生，則雖良法美意，反成巨害。」[68]康有為之語不幸竟成讖言，甲午一戰，堂堂中華不堪蕞爾小國一擊，慘敗收場，對此國人莫不驚詫萬分。

這種深入心脾的憂鬱激憤心情和恥辱無奈感覺，大約是中國人幾千年來從來不曾有過的。在此前的中國的上層文化人中，很少有人特別地把日本放在眼裏的，關於島國蝦夷的印象和想像，始終滯留在他們的歷史記憶中，給他們帶來自大、傲慢還加上無端的鄙夷。「東洋」在近世中國人的心目中是不可以與「西洋」相提並論的。[69]這場為期不長，但卻令中國羞憤以終的戰爭，不但令中國的朝野人士體認到明治維新的厲害，同時也使他們開始認真考慮中國為何會失敗這個嚴肅問題。

康有為曾上書皇帝說：「近者朝鮮之釁，日人內犯，致割地賠餉，此聖清二百餘年未有之大辱，天下臣民所發憤痛心者也。然辱國之事小，列國皆啟覬覦，則瓜分之患大，割地之事小，邊民皆不自保，則瓦解之患大，社稷之危未有若今日者。」[70]呂思勉也有類似的回憶，「余年十一，歲在甲午，而中日之戰起，國蹙師燼，創深痛巨；海內士夫，使群起而謀改革。於是新書新報，日增月勝」。[71]

因此，就近代中國報刊的演變而言，雖說自鴉片戰爭失利後西方文化即源源而入，大幅侵蝕了中國固有的文化肌體，但真正的關鍵節點並不在鴉片戰爭之後，這個一般都認為是近代史開端的歷史事件，

68 康有為：〈上清帝第一書〉，湯志鈞：《康有為政論集》（北京市：中華書局，1981年），上冊，頁59。

69 葛兆光：〈1895年的中國：思想史上的象徵意義〉，《開放時代》2001年第1期。

70 康有為：〈上清帝第三書〉，湯志鈞：《康有為政論集》（北京市：中華書局，1981年），上冊，頁139。

71 呂思勉：〈三十年來之出版界（1894-1923）〉，《呂思勉遺文集》（上海市：華東師範大學出版社，1995年），上冊，頁373。

其實對報刊的生成只造成部分的影響。相比而言，中日甲午戰爭就比鴉片戰爭具有更深遠的影響。

馬關條約的苛刻條件非常明顯地削弱了中國的國勢，甚至可以說，從一八九五年起，任何振興的希望都在很長的時間內被排除了。因為甲午之戰除了艦隊被重創、戰略要地被占外，還有巨額的戰爭賠款。就在清廷氣息未喘之際，緊接著又是庚子國變帶來的更為巨額的賠款。中國既沒有充裕的時間，也沒有平靜的心情和必要的手段來有效地抗擊帝國主義潮水般的入侵。當時的整個中國負擔益重，經歷著令人窒息的考驗。

而清廷的改革決心，被庚子國變的「巨額之代價」[72]進一步推動。正如梁啟超所言，「庚子八月，十國聯兵，以群虎而搏一羊，未五旬而舉萬乘。乘輿播蕩，神京陸沉，天壇為芻牧之場，曹署充屯營之帳，中國數千年來，外侮之辱，未有甚於此時者也」。[73]庚子國變造成了全民族的災難，加重了全民族的危機感，包括慈禧太后在內的最高統治者，經歷了播遷逃亡、豆粥難求的苦難以後，以巨額代價，增一層見識：「時經大創後，太后已恍然於國家致弱之原因，知此後行政之方針，不能不從事於改革，以圖補救，乃以決行新政之諭旨，布告中外。」[74]

於是，徹底改革突然成了上下的「共識」，激進情緒突然成了普遍的「心情」，曾經是頑固保守的官員、給中國帶來壓力的洋人、對國家積弱狀況並無深切瞭解但是有切膚體會的平民百姓，以及始終自覺承負著使命的知識階層，似乎在一八九五年的刺激中，一下子都成

---

72 黃鴻壽：《清史紀事本末》（上海市：上海書店出版社，1986年），頁515。

73 梁啟超：〈本館第一百冊祝辭並論報館之責任及本館之經歷〉，《清議報》（第100號），1901年12月21日。

74 黃鴻壽：《清史紀事本末》（上海市：上海書店出版社，1986年），頁515。

了「改革者」，而改革趨向竟是相當一致地向西轉。[75]

本章小結

因為技術、經濟、人員素質、傳統道德觀念、社會需求和相關正式制度的缺位等多種原因，活字印刷術雖然很早就在中國出現，但是長期未占主流，自然也未能對傳媒制度發生根本性的影響。而晚清媒介技術為何能對其時的傳媒制度發生如此巨大的影響？或者說，晚清媒介技術發展對傳媒制度的影響是如何可能的？

通過觀察不難發現，應該取決於以下幾點：第一，媒介技術發展導致傳播新觀念的產生與擴散，促使非正式傳媒制度的出現；第二，媒介技術發展會對正式傳媒制度的變遷產生需求；第三，媒介技術發展會降低傳媒制度變遷成本，從而有利於傳媒制度變遷；第四，媒介技術與其它因素產生合力，共同作用於傳媒制度，並促使其變遷。

因此大致可以復出這樣的結論：傳媒制度絕不是空泛的、毫無生命力的書面條文，而是由社會主體的實踐所建構並不斷重構的行為規範。任何傳媒制度的產生、維持與變遷，皆須有相應的媒介技術體系作為支撐。

當然，媒介技術發展與傳媒制度變遷的關係不能被當作一個普遍的有效聲稱，其有效性必須有相應的歷史條件作為支撐方能成立。與古代社會背景相比，晚清社會的一個殊為相異之處就是出現了特定的歷史契機。細小的事件和偶然的情況常常會把技術發展引入特定的路徑，而不同的路徑最終會導致完全不同的結果。

洋務運動時期各種變化並非單純的技術、器物變革，也不是個

---

75 葛兆光：〈一八九五年的中國：思想史上的象徵意義〉，《開放時代》2001年第1期。

別、孤立的歷史表象，而是系統的社會變遷和深刻的社會結構變革。
媒介技術在晚清的發展離不開洋務運動這樣一個重要的社會背景。若
缺少了這樣的時代背景，晚清媒介技術的發展以及傳媒制度的變遷或
許又會呈現出另樣的路徑與態勢。

第六章
傳媒制度在媒介技術發展過程中的角色分析

　　一種技術通常被嵌入到一個社會結構之中，這一社會結構影響技術的發明、發展、擴散，影響技術對於社會的作用。[1]技術的發展也是一種制度化的過程，「當我們希望技術『沖掉』我們所有的制度難題，將我們提升到一個幾乎與我們的意願相反的、更高的生存狀態時，我們是否是正確的？我認為，這即是一個令人慰藉的想法，也是一個非常令人誤解的想法」。[2]顯然，媒介技術並不能無限制地自由發展。它的發展進程是由有勢力的集團的活動和社會的利益決定的。[3]我們應該揭示其背後隱而不顯的後設權力。

　　正如錢存訓先生指出的：「印刷術在社會上的功能是相互影響的，並不完全是印刷術影響社會變革，各種社會因素也是促使印刷術發展或停滯的一個重要原因。」[4]媒介技術的影響雖然是巨大而持續的，但在中國沒有什麼能比傳統更具有影響力了，各種受制於政治、經濟和社會背景而形成的文化慣性一直制約著媒介技術的創新和發

1　E.M. 羅傑斯撰，殷曉蓉譯：《傳播學史》（上海市：上海譯文出版社，2002年），頁510。

2　赫伯特‧席勒撰，劉曉紅譯：《大眾傳播與美利堅帝國》（上海市：上海譯文出版社，2006年），頁144。

3　大衛‧巴勒特撰，趙伯英、孟春譯：《媒介社會學》（北京市：社會科學文獻出版社，1989年），頁80-81。

4　錢存訓：《中國紙和印刷文化史》（桂林市：廣西師範大學出版社，2004年），頁360。

展。而傳媒制度就是文化慣性中規範社會成員行為的重要規則體系之一。

第一節　晚清傳媒制度變革前對媒介技術發展的阻滯

　　新聞傳播歷史久遠於西方的中國古代新聞活動為什麼始終沒有結出近代大眾傳媒的果實，而是在西方傳媒的直接導入下，才完成了傳媒的近代化進程？為何造紙術和印刷術在中國的改進只是促使知識逐步民眾化，而沒有像它們在西方社會那樣催生出現代文明？換言之，造紙術和印刷術對古代中國社會的推動作用顯然都無法讓人滿意，從制度角度尋找原因不失為一條有效的途徑。

　　制度是國家這個權力容器的基本單元，主要制度單元的相互作用決定著權力容器的基本走向，型塑著社會結構。制度安排直接決定了技術的選擇和組織形式。因為不同的制度安排必然會使其增長機制內生出某種資源配置偏好，進而造成選擇性的技術發展。而且，制度總是帶有保守性，「人們對於現有的思想習慣，除非是出於環境的壓迫而不得不改變，一般總是要想無限期地堅持下去。因此遺留下來的這些制度，這些思想習慣、精神面貌、觀點、特質以及其它等等，其本身就是一個保守因素」。[5]

　　歸根結底來看，制度是人們行動的產物，絕不只是事先安排的結果。路徑依賴理論告訴我們：在歷史長河中，有那麼多的十字路口，每一步選擇都可能是影響深遠的一步。在制度變遷過程中，每一步選擇都與過去的選擇分不開。

5　凡勃倫撰，蔡受百譯：《有閒階級論》（北京市：商務印書館，1964年），頁140。

一　傳統制度遺產對晚清的影響

作為已有社會慣例、結構的儲存，傳統制度使「集體記憶、表述、價值、標準、規則等外部化，以使它們比我們人類更持久」[6]，它們是經常被複製的規則和資源。而且，人們過去做出的制度選擇決定了他們現在可能的選擇。作為一種既定的存在，一種制度一旦形成，就會按照其內在規律和特點相對獨立地運作下去，即所謂的路徑依賴。改革路徑的選擇是歷史在起作用，經濟的發展也是如此。無論是政治制度本身，還是信仰制度都與歷史密切相關；它們的產生和演變受過去的影響，同時也限制了當前和過去改革路徑方式的選擇。

政治、社會和經濟的舊結構處處都對由技術、生產手段、交通和運輸的發展所引起的相繼變化造成了強有力的抑制。在一個像中國那樣具有古老文明的國家，其歷史包袱當然會比在任何其它地方都令人感到更大的壓力。[7]明清以來業已千錘百鍊的政治制度、皇位制度、文官制度、宗法制度等巨大的禮法制度文化慣性，碾碎了一個個有識之士的夢想，斷送了一個個彷彿存在的現代化契機。[8]

1 高度集權的官僚政治制度

儘管關於中國自秦以降的社會是否屬封建社會的問題，學界尚存爭議，但中國古代社會形成了「官—民」二重結構的社會[9]，恐怕是不爭的事實。在這種結構中，官與民在權利上極不對稱，民很少有與

6　馬克斯・H・布瓦索撰，王寅通譯：《信息空間——認識組織、制度和文化的一種框架》（上海市：上海譯文出版社，2000年），頁390。

7　謝和耐撰，耿昇譯：《中國社會史》（南京市：江蘇人民出版社，2005年），頁470。

8　李寶臣：《文化衝撞中的制度慣性》（北京市：中國城市出版社，2002年），頁290。

9　張傑：〈二重結構與制度變遷〉，《社會科學戰線》1998年第6）。

官談判的機會。正是在這個意義上，布萊克（E. Black）稱中國近代以前的社會結構為「中央集權的官僚帝國」，「中央政府的控制沒有深入到鄉村一級，官僚體制沒有跟著商業的發展和人口的劇增而進行修改。中國的行政制度還被認為是迴圈性的，因此到十九世紀末，中國陷入了混亂狀態」。[10]這種中央集權的統治最主要就是突出了皇權的專制。「皇權制度是在資源配置的家庭化過程中，構建其生存基礎的。由此而產生的開放流動的精英政治結構，和分散獨立的小農個體家庭經濟結構，成為皇權制度得以立足的兩個新基點」。[11]

這一結構一直延續至晚清，構成了當時社會的基本制度環境。在這種結構中，「政治規則規範著一切經濟規則，而政治規則並未按照效率原則來規範社會及個人的行為，它受到政治的、軍事的和社會意識形態的約束。這一基本制度框架進而決定了社會其它制度安排，其它制度安排實際上是官僚政治的衍生物」。[12]

或者換個說法，中國古代社會留給晚清的政治制度遺產是典型的家產製的官僚制度。它的基礎不是官方的義務，而是個人的目的，不是對抽象規範的服從，而是一種嚴格的個人效忠。這種挾巨大文化慣性的制度使得晚清「時弊」叢生。所謂的「時弊」是與清朝高度集權的政治體制相伴生的。儘管清朝有相當嚴屬的管束官僚的正式制度，但由於一方面監督成本巨大，另一方面監督權自身的腐敗，這些正式制度在執行時大大地走了樣。而且，清朝是個人口較多的朝代[13]，社

10 西瑞爾・E・布萊克等撰，周師銘等譯：《日本和俄國的現代化》（北京市：商務印書館，1983年），頁159。

11 陳慶德：《資源配置與制度變遷》（昆明市：雲南大學出版社，2001年），頁197。

12 謝詠梅：〈制度的「路徑依賴」對中國近代技術發展的影響〉，《學術交流》2006年第5期。

13 梁方仲：附〈歷代人口比較圖〉，《中國歷代戶口、田地和田賦統計》（上海市：上海人民出版社，1980年）。

會事務浩繁，高度中央集權下的皇權做出有效決策的難度更是進一步增大。

因此，「時弊」其實乃是決策權、執行權和監督權長期博弈後形成的均衡。這些塑造日常生活指引普遍世俗活動的時弊，乃是正式規則和非正式規則加上其執行的方式的錯綜影響的共同結果。它們雖低效，卻具穩定性。在這個意義上說，晚清媒介技術要取得發展，不僅要與其時的傳媒制度，而且要與整個政治制度進行較量。

2 抑商政策下的禁榷制度、土貢制度和官工業制度

抑商政策是作為重農政策的一個組成部分，從古代到近代，一脈相承地延續下來，成為歷代封建王朝奉行不替的一個傳統政策，是歷代王朝力求實現的一個政治的和經濟的目標。所以在每一個時代都成為一種占統治地位的思想，其它與此有關的經濟思想和政策，都是由這個占統治地位的思想和政策派生出來的。[14]

有關抑商政策和抑奢政策的言論、建議和法令等雖可謂汗牛充棟，但是絕大部分都沒有收到任何實際效果，言之諄諄，而聽之藐藐。真正使抑商政策收到了效果的是禁榷制度、土貢制度和官工業制度。

在抑商政策的指導下，國家直接介入工商業活動，並產生了中國特色的禁榷制度。所謂禁榷，就是某些工商業禁止私人經營，完全由政府以壟斷方式官營。據考證，這一制度首先在周初由齊國發明，在漢朝得到充分發展，首先官營的是與人們生活關係十分密切的鹽和鐵，在以後的朝代中逐漸擴展到其它許多行業。[15]禁榷之制，使國家

14　傅築夫：〈抑商政策的產生根源，貫徹抑商政策的三項制度及其對商品經濟發展的影響〉，《中國經濟史論叢》（北京市：生活・讀書・新知三聯書店，1980年），下冊，頁608。

15　傅築夫：〈抑商政策的產生根源，貫徹抑商政策的三項制度及其對商品經濟發展的影

直接涉於市場經營，以共分市利之手段，把市場力量附著於皇權機體。土貢制度更是一種赤裸裸的掠奪，把本來可以當作商品來生產和當作商品來販運的大量物品，現在都越過商業程序，不從公開市場上購買，而以任土作貢的方式，直接向民間索取。

禁榷制度既可抑商，又能保證政府充足的財政來源，同時自然而然催生出官工業制度。「真正的官工業從漢代開始發展起來，漢王朝在周秦官制的基礎上，把官工業系統加以擴大，除了在京設立各種作坊或工廠外，還在各種重要產地設立宮官，監督生產。此後，各個朝代都在前人的基礎上不斷擴大官工業的規模和種類」。[16]應該說，禁榷制度和官工業制度在特定的制度環境中具有一定的合理性，但它們的缺點也是顯而易見的——本質上不是對技術活動的保護和激勵。這種情況一直到晚清依然存在。

3 意識形態問題

社會結構與意識形態構成了國家賴以創建社會秩序的條件。一個社會的特定結構造就了不同的人群，而意識形態則確定了他們在社會中的適當角色和前程。[17]

意識形態在清代是個非常重要的問題。作為統治的工具和國家的思想觀念，清王朝的意識形態有兩大特色：在哲學上以程朱理學為骨幹，在思想上以「君尊臣卑」和「華夷之辨」為核心。歷康、雍、乾三世，統治者通過發佈上諭、甄別官吏、編纂文獻、科舉考試、文字

響〉，《中國經濟史論叢》（北京市：生活・讀書・新知三聯書店，1980年），下冊，頁654-665。

16 謝詠梅：〈制度的「路徑依賴」對中國近代技術發展的影響〉，《學術交流》2006年第5期。

17 王國斌撰，李伯重、連玲玲譯：《轉變的中國：歷史變遷與歐洲經驗的局限》（南京市：江蘇人民出版社，2005年），頁101。

獄等政治和文化手段，把意識形態觀念編織的完備而沉重，清代學者稱這套觀念體系是「以理殺人」（戴震），後代學者則形容為「刀鋸鼎鑊富貴利達」、「從我者乃正學，背我者即大逆」（錢穆）。在清初和清中葉，這套意識形態體系對維護清王朝的統治發揮了不可替代的作用。但是到了晚清，這套意識形態體系又轉而成為歷史進步的沉重阻力。[18]

在儒家思想的統治下，終清一朝，彌漫著輕視和蔑視科技之風，把科技知識視為「形而下」，把發明創造稱為「奇技淫巧」。一七九二年，英國特使馬戛爾尼送給乾隆八十壽辰的禮物中，有天球儀、地球儀、西瓜大炮、銅炮、各種自來火炮、西洋船模型、望遠鏡等二十九種，清廷只是將之作為貢品、玩好收藏，根本沒有想到這裏的科技含義及其中的軍事價值。

4 古代的新聞傳媒制度

中國古代統治者為了鞏固自己的統治，在獨霸輿論話語權的同時，憑藉國家機器的強制力量限制不利於自己的言論出版行為。秦始皇在公元前二一三年頒佈的「焚書令」，可以說是揭開專制社會言論出版高壓的序幕，以後各種「禁言」、「禁書」、「禁報」的新聞查禁制度一直沿用下去。戈公振也曾指出：「自漢唐以迄清末，以邸報為中心。在此時期內，因全國統於一尊，言禁綦嚴，無人民論政之機會。」[19]清初伊始，政府便加強了在意識形態各層面的嚴格控制。民眾文化中的戲曲、小說、演劇賽會等，都在嚴禁之例。在〈大清會典事例〉、〈欽定六部處分則例〉等法令中都有關於傳播活動的苛令。

---

18 郝晏榮：〈中體西用與晚清意識形態〉，《河北學刊》1998年第3期。
19 戈公振：《中國報學史》（北京市：生活‧讀書‧新知三聯書店，1955年），頁21。

不過一般情況下，上述制度遺產「難以完全自主、自衍、具完整『體系化』的實體姿態展現自己的」，它們「勢必一再地被搓揉、形塑，在人群中以各種不同樣貌展現出來。」[20]這種「體系化」在正常狀況之下往往隱而不顯，但在其功能失靈時總能以負面的姿態被人感覺出來。

二　晚清正式傳媒制度對媒介技術變革的明拒

在「君子重義小人重利」的古代中國，非正式的規則體系已經加大了人們創新的代價，作出「微小的背叛」尚屬不易，若再碰到具備正式懲罰機制的阻擋，真的是無可逃逃了。這樣的結構性障礙內生地阻礙著媒介技術的創新。

在君主專制體制之下，廣大平民既沒有參政議政權，也沒有對朝政的知情權，「民可使由之，不可使知之」的古語，在專制時代可以說不失為千年一貫的施政要則，上下之間存在著嚴重的信息隔膜。民眾也無言論的自由，一切對統治者不利的宣傳，都可以被指認為「造言」惑眾，被法定地禁止和制裁，這一直到清代也不例外。

清代言禁極嚴，儘管朝廷允許民間報房存在，但是對其抄發內容限制頗多，尤其對偽造政事、御批、奏章的不實報導更是嚴加懲辦。[21]

---

20 葉啟政：《期待黎明：傳統與現代的搓揉》（上海市：上海人民出版社，2005年），頁103-104。

21 比如，雍正四年（1726年），民間流傳「小鈔」，揭露皇帝在圓明園與王公大臣們從早到晚飲酒作樂，消息嚴重失實。結果被雍正發現，認為是政敵有意構陷，查得出版小鈔的報房經營者何遇態、邵南山，將兩人處死。這是中國新聞史上因辦報獲罪被殺的首例案件。乾隆年間發生的「偽傳邸鈔案」，主犯為江西撫州衛千總盧魯生和南昌衛守備劉時達，他們列舉「五不解，十大過」，反對乾隆帝南巡，並以吏部尚書孫嘉淦奏稿的名義，偽造「朱批」，假借為內閣發抄的「邸鈔」，交給提塘傳抄。這

不過，因為二十世紀之前上沒有出臺專門的新聞法，清廷對危害其統治的報刊及其宣傳報導主要依照《大清律例》「造妖書妖言」條進行嚴厲制裁。針對不利的傳聞輿論，統治者一概斥為「愚民無知，造謠生事」，申令須「嚴行查辦」之類的官方文告更是時常發佈。民間所被要求聽講於官方的，也就是「聖諭廣訓」之類的「綸音」和有關禮法而已。[22]

　　清政府雖然沒有明令禁止辦報，但《大清律例》禁止「妄布邪言」、「煽惑人心」的條文像一把利劍高懸在報人們的頭上。地方官吏對民間報館的說三道四極為厭惡，稍有不滿便肆其威虐，重則懲辦，輕亦封閉。為了避免官府的迫害，有的報紙請外商代為出名，掛起了「洋旗」，有的則遷入租界出版，託庇於外人的治外法權。辦報被人們視為畏途，一般不敢冒罪開設。[23]

　　十九世紀五〇年代起，先是在香港，稍後是在廣州、上海、漢口、福州等地，出現了中國人自己辦的最早的一批近代化報紙，它們是中國資產階級報刊的萌芽。但是「這些報紙們的處境十分困難，動輒得咎，經常受到來自帝國主義和封建政府兩方面的衝擊」，「事實上這一時期除了在香港出版的幾份報紙以外，中國人自己在內地各城市

可謂利用原始形態報紙作為政治鬥爭工具，矛頭直指最高統治者而遭到殺害的新聞傳播案。此案不但主犯被凌遲處死，而且株連甚廣，凡是抄發者均受牽連，處罰極重。參見楊師群：《中國新聞傳播史》（北京市：北京大學出版社，2007年），頁17。

22 按照清代定制，民間設立「講約處所」，「每月朔望，咸集耆老人等宣讀聖諭廣訓及欽定律條，務令明白講解，家喻戶曉，該州縣教育仍不時訓行宣導。如地方官奉行不力者，督撫查參」。及至晚清時期，這種活動在許多地方已是日久曠廢，不過官方還是力圖堅持，將此作為加強民間教化的重要措施。時有官員作這方面的奏請，得到清廷的肯定和頒諭推行。如光緒元年清廷就御史陳彝所奏有關事宜，即布諭「著再申明舊例，令實力奉行」。參見朱壽朋：《光緒朝東華錄》（北京市：中華書局，1958年），頁121。

23 陳玉申：《晚清報業史》（濟南市：山東畫報出版社，2003年），頁66。

出版的報紙，很少有長命的。《彙報》只出版了一年半，《昭文新報》、《述報》連一年還不到，《新報》、《廣報》算是較長的，也只出版了五、六年，終於難乎為繼，一個自動停刊，一個以『妄談時事，淆亂是非』的罪名被地方當局查禁了事」。[24]國人辦報如此艱難，對媒介新技術的擴散自是一個致命的障礙。

三 晚清非正式傳媒制度對媒介技術變革的暗斥

從數量和使用頻次來看，人們生活中的大部分空間是由非正式制度來約束的。非正式制度是指人們在長期交往中自發形成並被人們無意識接受的行為規範，看不見摸不著，卻又真實地影響著人們的行為與選擇，構成人們的「約束條件集」。相對於正式制度，非正式制度保守色彩往往更為濃厚。閉塞與頑固的非正式制度也是制約媒介技術發展的一個重要因素。而且，「無論怎樣地努力，它並未必能夠完全被剔清，而使之消失無蹤。這是文化傳統所具有的遲滯特質，也正是它所以發揮社會功能的關鍵所在」。[25]

傳播的一個困難在於，「文化像一架精密的機器，總要保持協調和平衡。當一個新的文化特徵納入後，必然要帶來文化整體的再調適或改變」。[26]許多非正式制度「作為形塑社會集體意識的要素，其最重要的任務在於提供定義與規範象徵意義與價值……它來時，需要經過長期的染濡學習、浸淫感受。同樣，它要去時，也必須經過漫長時

---

24 方漢奇：《中國近代報刊史》（太原市：山西人民出版社，1981年），頁61。

25 葉啟政：《期待黎明：傳統與現代的搓揉》（上海市：上海人民出版社，2005年），頁110。

26 威廉・費爾丁・奧格本撰，王曉毅、陳育國譯：《社會變遷──關於文化和先天的本質》（杭州市：浙江人民出版社，1989年），頁90。

間，歷經不少世代的沖刷、洗滌、稀釋、替代、消除，才可能緩慢地淡化、退位、乃至消失無蹤」。[27]所以羅傑斯也曾說：「讓人們接受一個新觀念，常常是一件非常困難的事，即使這個觀念有明顯的可取之處。許多創新需要一個漫長的過程才會被廣泛接受，這個過程往往持續多年。因此許多個人和團體面臨的共同問題是如何加快一項創新傳播的速度。」[28]而且，從文化中衍生出來的非正式制度不會對正式制度的變化立即作出反應，因而，已改變了的正式制度與持存的非正式制度之間的緊張關係所導致的社會後果，對理解傳媒制度變遷的方式有著重要的影響。

曾有論者對中國社會中的文化阻滯力的日常生活結構和基礎，作了一個概覽式的簡要描述：

第一，中國成熟的傳統農業文明孕育了異常發達的傳統日常生活世界，而發達的日常生活世界又使農業傳統文明的文化精神綿延不絕。

第二，傳統日常生活的內在圖式形成了自在自發的文化模式，孕育著「以過去為定向」、抑制內在的理性反思的保守的傳統文化精神。

第三，自然性、經驗性和人情化的文化模式，不僅構成了傳統日常生活世界的文化圖式，而且滲透和同化了非日常的社會活動和精神生產活動，成為社會的主導性文化精神。[29]所以，一項媒介新技術在擴散時需要較量的，「並不是中央集權的君主制，而是在該體制運行過程中，由於某些正式制度長期失效或供給不足，而形成的非正式制度。或者說是官僚體系內經過長期權力博弈而形成的『潛規則』。而

---

27 葉啟政：《期待黎明：傳統與現代的搓揉》（上海市：上海人民出版社，2005年），頁110。

28 埃弗雷特・M・羅傑斯撰，辛欣譯：《創新的擴散》（北京市：中央編譯出版社，2002年第4版），頁1。

29 衣俊卿：〈論中國現代化的文化阻滯力〉，《學術月刊》2006年第1期。

這些恰恰是真正得到了執行、影響了歷史的制度」。[30]晚清以前如此，晚清時亦是如此。

直到晚清，中國的宗法制社會都屬於換瓶不換酒的狀況，即由宗法血緣關係維繫，政治與倫理一體化，「家國同構」的制度。該體系自上而下地實行愚民政策，限制文化的下層交流。在技術層面，只能向自給自足的經濟以及宗法制妥協，難以逾越手工製作的鴻溝。[31]這些「規則」蘊含在我們的行為中，深深地嵌在我們的習慣和潛意識的心理歷程中。然而我們之遵循這些規則乃是有序的社會生活之本質。[32]洋務派曾在傳統的制度框架中進行了有限的媒介技術變革，但傳統制度的「路徑依賴」使得新技術的引入遇到重重障礙，因而變革異常緩慢。媒介新技術要麼成為御用的，要麼成了是奇技淫巧，其發展難以逾越小農經濟所決定的社會範疇，維持現狀成了最好的選擇。

正如美國學者喬治・巴薩拉（George Basalla）所言，「由文人組成的中國式的官僚士大夫對科學、商業和實用之物極少有興趣，也不大同情、支持」[33]，面對新的媒介技術和傳媒形式，清政府起初出於蔑視和害怕而加以抵制，長期的積習使得他們害怕變化，害怕在變化中喪失主動權。士紳階層對媒介新技術的抵抗自然也有思維習慣、價值觀念的成分，但是其中的利益因素也不容忽視，因為新技術的引入總會帶來利益格局的調整。

---

30 龔虹波：〈「制度中人」與制度的較量——也說張居正改革悲劇〉，《浙江學刊》2002年第6期。

31 邵培仁、海闊：〈宗法顛覆論綱——傳媒對中國社會的影響〉，《杭州師範學院學報》（社科版），2005年第3期。

32 基辛撰，余嘉雲、張恭啟譯：《當代文化人類學》（臺北市：巨流圖書公司，1981年），下冊，頁541。

33 喬治・巴薩拉撰，周光發譯：《技術發展簡史》（上海市：復旦大學出版社，2000年），頁190。

　　在個體主義、集體主義和關係主義[34]三種不同文化制度膠合黏連的影響下，中國傳統行政體制的制度性文化慣性為晚清媒介技術的變革製造了許多障礙：君主權威與個人專權，文官集團的行政模式與政治觀念，普通民眾中間濃厚的血緣、地緣意識和自然經濟的財產觀念不利於經濟協作精神的成長和社會普遍信任機制的建立。除了極特殊的個別個體以外，守舊成為社會所有成員的最佳選擇，社會結構只能停留於劣位元帕累托均衡狀態。在這種狀態下，非正式傳媒制度與正式傳媒制度結合後造成的結構性障礙在激勵導向上背離了革新方向，並內生地壓制著一切創新，羈絆了媒介技術發展的腳步。

四　其它制度的間接阻礙

　　有些制度雖然不能直接列入傳媒制度之列，但它們和傳媒制度關係密切，而且也對當時的媒介技術發展造成了重要影響。比如，在傳統的生育觀的影響下，再加上清廷稅收政策的刺激[35]，在經過數千年的緩慢增長之後，十八、十九兩個世紀中國人口急劇增長[36]，到一八

34　邊燕傑認為，個體主義文化以滿足個人需要為先決條件，通過協商、共意和契約達成群體整合。集體主義文化強調個人利益的實現存在於集體目標的達成中，先集體後個體。集體主義可能存在「極權專制」和「分權民主」兩種整合管理模式。而關係主義文化則將個人欲望的滿足放在人際網路中，是一種特殊的小群體取向的互惠整合。參見周怡：〈共同體整合的制度環境：慣習與村規民約——H村個案研究〉，《社會學研究》2005年第6期：注釋。

35　嘉道年間是清代歷史上水患頻仍的時期，黃河、運河、永定河、漢水等或漫溢、或決口，南北各地幾乎平均遭水災，人民生命財產損失嚴重，影響人口的增長。但這一時期人口仍能明顯增長，主要就是「攤丁入畝」等經濟政策在起作用。參見行龍：《人口問題與近代社會》（北京市：人民出版社，1992年），頁30。

36　梁方仲：附〈歷代人口比較圖〉，《中國歷代戶口、田地和田賦統計》（上海市：上海人民出版社，1980年）。

四〇年人口總數達到四點一億多。[37]從數量上看，中國已經成為人口第一大國。人口既多，人口問題隨之而來。人口問題集中表現在人口素質低下、人口分佈不平衡和人口過剩嚴重三個方面。[38]至為關鍵的是，人口過剩的壓力限制著生產技術和工具的改進——因為勞動力大批過剩，連那些各有專能的技術工人，也只得「立橋以待」、「延頸而望」，因此只要使用大量廉價勞動力便可榨取利潤，而不必用較高的價值去改進技術和設備，這樣使得社會難以生長對媒介技術創新的需求。

而且，晚清時的「自強」本身就是一種基於民族全體生存意識之上的民富國強的構想，是一種「群體富強」，所以，人們在考慮引進機器生產時，也自然而然地從全體生存意識出發，要權衡機器對於全體生民的利害，考慮人口壓力下的人民生計問題。[39]這種新的機器生產方式，將會損害舊的農業和手工業生產方式，因而出現「奪民生計」的現象，這就成了一些人反對引進西方近代先進技術的一大理由。

一九〇一年，清廷明令廢止八股，改試策論。一九〇五年，科舉完全廢除，石印科舉用書一下子失去了市場。在社會競言新學的情況下，一般讀書人對於傳統典籍的興趣減弱，石印古籍銷路大減。《掃葉山房石印書目序》有云：「科舉既廢，新政律興，革裝書籍，挾新思潮以輸入，活板印刷，盛極一時，故籍陳編，束諸高閣，而石印書亦受影響。」另一方面，石印需要的印機、石材、油墨，需求量大，完全依賴進口，不少紙張也是由進口得來，成本消耗很大，沒有相對大而穩定的市場是很難維持的。由於石印「其興也勃」，甲午戰敗後

---

37 行龍：《人口問題與近代社會》（北京市：人民出版社，1992年），頁25。

38 史革新：《中國社會通史》《晚清卷》（太原市：山西教育出版社，1996年），頁78。

39 李長莉：《晚清上海社會的變遷：生活與倫理的近代化》（天津市：天津人民出版社，2002年），頁122。

的十多年時間裏，很快冒出近百家石印書局，碰到科舉廢除這樣的大事件，像鴻文書局、蜚音館等不少書局頓時就垮了，真可謂「其亡也忽」。而「其興也勃」與「其亡也忽」恰恰生動展現了社會其它制度對媒介技術發展的掣肘。

第二節　晚清傳媒制度變革後對媒介技術發展的推動

技術並未決定社會，社會也沒有編寫技術變遷進程的劇本。[40]技術存量規定了人類活動的上限，但其本身決定不了人類的成功。反之，「制度管轄著技術，它持續的時間也許會遠遠超過人類個體的生命期限」。[41]正是制度安排決定了知識和技術的增長速度。傳媒制度的變遷絕不只是對媒介技術變動的一種滯後回應，它有時對媒介技術發展能夠產生巨大的推動作用，排除制度創新的動態性和能動性是不合理的。制度設計的任務在於建立技術的共有和私有之間的平衡，既保持私人刺激以激勵創新，又保持公有性以促進技術的推廣和應用。

從二十世紀初報刊的迅速增長可以對制度對媒介技術的支撐作用作一個側面瞭解。自一九〇一年清廷宣佈「新政」，開放「報禁」、「言禁」以後，國內新聞事業再次步入一個蓬勃發展時期，民間辦報數量年年遞增。據不完全統計，這一時期新創辦的報刊，一九〇一年為三十四種，一九〇二年為四十六種，一九〇三年為五十三種，一九〇四年為七十一種，一九〇五年為八十五種。一九〇六年清廷宣佈預

40　曼紐爾・卡斯特撰，夏鑄九、王志弘等譯：《網路社會的崛起》（北京市：社會科學文獻出版社，2001年），頁5-6。

41　赫伯特・席勒撰，劉曉紅譯：《大眾傳播與美利堅帝國》（上海市：上海譯文出版社，2006年），頁144。

備立憲後，新聞事業發展的步伐進一步加快，每年都新創辦報刊百餘種以上，一九〇六年為一百一十三種，一九〇七年為一百一十一種，一九〇八年為一百一十八種，一九〇九年為一百一十六種，一九一〇年為一百三十六種，一九一一年為兩百〇九種。報刊出版以上海與武漢為兩大核心基地，然後擴散到六十多個城市或地區，幾乎遍佈全國。[42]

當然，這種繁榮取決於多種因素，但不可否認的是，官方新聞政策與法規「猶如一道厚重的閘門，啟閉的大小直接影響報業之河的流量」[43]，很顯然，儘管晚清報律出臺的目的在於對當時印刷出版事業進行規限，但如果一味忽視它的某些積極作用，就無法圓滿解釋晚清報刊發展高潮這一客觀現象。

一　傳媒制度結構的複雜性和層次性

傳媒制度結構之所以複雜，是因為它既涉及正式的制度安排，又關聯到非正式的制度安排；既涉及政治經濟制度，又關聯到思想文化制度；既涉及針對媒介技術發展而作出的專門性的制度安排，又關聯到大量並非專為促進媒介技術發展、但對媒介技術發展切實發生重要作用的基礎性的制度安排。

亦如相關論者指出的，「任何新聞（報業）制度，均為政治制度之一環。換言之，一個社會的政治哲學決定它的新聞哲學；而新聞哲學又直接決定它的新聞政策、新聞制度與新聞觀念的價值標準。所以任何國家的新聞事業，必須服務於它所依附的政治制度，及其生存社

---

42 史和等：《中國近代報刊名錄》（福州市：福建人民出版社，1991年），頁396-419；
　　楊師群：《中國新聞傳播史》（北京市：北京大學出版社，2007年），頁44。
43 李斯頤：〈清末報律再探——兼評幾種觀點〉，《新聞與傳播研究》1995年第1期。

會的價值標準，此乃一項必然的選擇」，「當社會政治制度變更時，報業制度亦隨之變更」。[44]也就是說，傳媒制度結構是有層次性的，各種傳媒制度安排在重要程度上有所差別，如根本性制度、重大性制度和輔助性制度在媒介技術發展過程中起到的作用是大不一樣的。根本性制度是指對技術創新活動起決定性作用的制度安排，沒有這些制度，持續穩定的技術創新就不可能產生；重大性制度是指對技術創新起重大促進作用的制度安排。輔助性制度則是指那些對技術創新的促進作用要弱於前兩者或者雖然作用較大但以非正式制度形式存在的制度安排。

二　正式傳媒制度對媒介技術發展的激勵作用

知識和技術確立了制度創新的上限，而進一步的制度創新確乎需要知識、技術的增長；反之，制度則確立了知識和技術進步的上限，在既定的制度框架內，創新總有一天要被遏止，正是制度創新在此時成為技術進步的前提。[45]落後的傳媒制度會成為媒介技術發展的巨大阻滯，造成媒介技術停滯不前，而設計良好的傳媒制度能使媒介技術發展的可能性邊界不斷擴大，對其產生強大的助推作用。

制度體現著理想的存在和力量，它們之為理想服務是靠著把理想從容易滑坡的主觀地帶轉移到理性的事實、需要和興趣的堅實地基上面來。[46]它們與社會主體的實踐活動互為條件：制度是實踐活動所倚賴的規則和資源，又通過這些實踐活動而體現。

44　李瞻：〈報業與政治制度關聯性問題論綱〉，《中國傳媒報告》2008年第3期。

45　莊炳濤、張曉妹：〈制度創新與技術創新的分析和思考〉，《技術經濟》2007年第6期。

46　阿諾德・蓋倫撰，何兆武、何冰譯：《技術時代的人類心靈：工業社會的社會心理問題》（上海市：上海科技教育出版社，2003年），頁148。

1 提供產權激勵

從理論上推論，凡有巨大應用價值的新發現或新發明或者（更廣泛的）新知識，其發現者或發明家必定有很強的動力去保守秘密，以從中獲取租金；除非有誘導性的制度設計足以補償他披露這一信息而損失的租金，發明或發現才可能被公開。事實上，前一種途徑成為科學發展走過的途徑，後者則是智慧財產權制度所經歷的道路，所以，在思考科學的起源時，如果沒有外部實施的補償機制，公開披露肯定首先發生在那些沒有直接應用價值或者應用價值不那麼明顯的領域。[47]投資於新知識和發展新技術的盈利性需要在知識和創新方面確立某種程度的產權。如果缺乏產權，新技術就不可能唾手而得。[48]工業革命以來西方技術的巨大進步，很大程度上可以歸結為專利法及一系列保護產權的制度的實施，給技術變遷提供了外在激勵框架，從而增強人們對技術變遷的需求。

而中國古代社會自然經濟下的私有產權遠遠不同於市場經濟制度下的私有產權。自然經濟下的私有產權只是所有者對生產要素獲得的產品的排他性使用，卻不包含生產要素的所有者自由使用這些要素生產產品滿足消費者以換取自身需求的自由。所以，中央集權下的中國古代私有產權的享有是不充分的，創新可以被人無代價地模仿，不能在創新方面建立起系統的產權，這大大降低了人們進行技術創新的積極性。中國古代社會活字印刷術長期未得到大規模推廣的原因中，因缺少激勵因素、人們難以有動力去對印刷術進行改進創新也是至為重要的一個方面。

---

47 范世濤：《技術創新的制度分析》（南京市：南京農業大學博士學位論文，2001年），頁38。

48 道格拉斯・C・諾思撰，陳郁等譯：《經濟史中的結構與變遷》（上海市：上海三聯書店／上海人民出版社，1997年），頁10。

在制度變數集合中，明晰的產權界定為媒介技術的應用與發展提供了保障。傳媒制度的有效安排保證了能給媒介技術創新主體帶來預期收益，從而可以儘量減少技術變遷的外部性，避免創新利潤溢出，從而造就了引導和確定媒介技術創新的激勵機制。這對媒介技術的發展有著舉足輕重之作用。晚清時，政府的鼓勵激起了人們開辦公司、創辦實業的熱情。而資本的社會化，則有利於企業規模的迅速擴張。「商務印書館從一八九七年創建時的區區三千七百五十元資本，成長為擁有股本一百萬元的龐然大物，用了不到十年的時間，在很大程度上就應當歸功於這種先進的企業組織形式」。[49]

2 提供市場激勵

國家的產生是為了節約社會交易費用，其權威性在於生產博弈的基本規則。為了兼顧主體的創新能力和社會效益，國家必須保持一種使創新的私人收益率趨同於社會收益率的平衡。[50]正如恩格斯指出的，「技術在很大程度上依賴於科學狀況，那麼科學狀況卻在更大的程度上依賴於技術的狀況和需要。社會一旦有技術上的需要，則這種需要就會比十所大學更能把科學推向前進」。[51]人們對技術變遷的需求必須是建立在這種變遷能夠給變遷主體帶來變遷收益大於變遷成本的預期下才會發生。對於晚清媒介技術的發展而言，合適的傳媒制度的作用不但可以建立這種預期，而且可以提供市場激勵。

甲午戰爭前的二十年間，國人先後自辦了約二十家報紙，除在香

---

49 黃林：《晚清新政時期圖書出版業研究》（長沙市：湖南師範大學出版社，2007年），頁294。

50 王霆：〈企業技術創新和制度創新的互動性〉，《科學與管理》2008年第3期。

51 馬克思，恩格斯：《馬克思恩格斯選集》（北京市：人民出版社，1972年），卷4，頁505。

港的幾家，內地報紙的壽命都不長，銷量亦有限，沒有多少社會影響。各種阻力，來自文化、經濟、政治諸方面。如社會上九成為文盲，對購讀新聞一事淡漠，報館經營慘澹。工商業不發達，投資報業者少，做廣告者少，報紙難以盈利。[52]

　　二十世紀初這種情況發生了極大的改變。據《中國通俗小說總目提要》的著錄，從道光二十年（1840）至光緒二十六年（1900）的六十年間，一共出版小說一百三十三部，平均每年二點二部，而從光緒二十七年（1901）至宣統三年（1911）的十年中，卻產生了通俗白話小說五百二十九部，平均每年四十八部。[53]在明清兩代（1368-1911）的五百四十三年中，一共產生了通俗白話小說一千一百四十六部，而其中一九〇一至一九一一年的十一年中，就產生了五百二十九部；短短十一年的創作總量，竟佔了五百四十多年的百分之四十六。而這百分之四十六顯然離不開當時巨大的市場需求，而市場需求的背後顯然又凝聚著二十世紀初晚清傳媒制度的巨大推力。

　　圖書出版行業中先進技術的發展和廣泛使用，不僅引發了人們觀念的變化，也為圖書出版企業由手工作坊向工業化大生產過渡創造了條件。在這一轉變過程中，清政府的相關改革舉措起了積極的作用。從戊戌時期《振興工藝給獎章程》的出臺到晚清新政時期《獎勵公司章程》、《獎給商勳章程》、《爵賞章程》等規章的頒佈，表明了清政府在振興工商業方面政策的連貫性；而由政府出面來對各類公司（局、廠）創辦人進行獎勵，這在有重農主義傳統的中國也是罕見之舉。[54]

　　資本主義經營方式在出版業內全方位地推進，也滲透到出版者和

---

52 楊師群：《中國新聞傳播史》（北京市：北京大學出版社，2007年），頁76。

53 歐陽健：《晚清小說史》（杭州市：浙江古籍出版社，1997年），頁2。

54 黃林：《晚清新政時期圖書出版業研究》（長沙市：湖南師範大學出版社，2007年），頁293。

作者的關係之中。出版者和譯作者通過經濟合同來形成協作關係，如一九〇三年嚴復譯甄克思《社會通詮》與商務印書館訂立出版合同，規定版稅率為百分之四十，實現了報酬支付手段的資本主義化。出版業的發展促進了商業廣告的開發，商人出錢登廣告，廣告又給商人看，對於出版業來說，銷售是市場，廣告是利潤。商業廣告促進了大上海商業的繁榮，大商埠的風車也就這般加快了旋轉。[55]而市場的繁榮自然對媒介新技術提出了更高的需求，自然也就推動了媒介技術的發展。

3 提供稅費優惠

晚清政府能夠對某些市場失效方面的活動提供稅費優惠，對之加以激勵。其中不少稅費優惠和傳播活動密切相關，對媒介技術發展的促動自是不言而喻。

對於報館而言，郵政部門的收費直接決定了新聞採訪的成本。電報技術引入之初費用異常昂貴，有線電報開通後，由天津拍到上海的「上諭」部分，費用「由報界與官界分任之」。一八九四年各省電報機構設立後，報紙常用電報拍發「鄉試榜名」，其費用與其它電報收費相同：「其納電與商電同，每字一角起，每間一局遞加一分。當時係以線路之遠近，定收費之多寡。」[56]

一八九六年三月二十日，清政府創辦國家郵政局，規定報紙的郵費標準為：中文報紙每張每釐，外文報紙每張一分，這對扶持剛剛起步的中國民族報業十分有利。一八九七年三月，清廷決定修改郵局章程，進一步減低新聞紙郵費，按貨樣標準納費投寄報紙，郵費略低於普通信件。

---

55 王建輝：《出版與近代文明》（開封市：河南大學出版社，2006年），頁6。
56 戈公振：《中國報學史》（北京市：生活・讀書・新知三聯書店，1955年），頁309。

報律頒佈之前，曾有一些地方對報界實行郵電減費，但是並不普遍。一九○七年底，北京八家日報聯名請求郵電減費，引起清廷重視，遂由郵傳部分諮各部大臣妥議辦法，制定統一規章通行全國，同時在〈大清報律〉中列為專條（第三十七條），使郵費電訊費減收成為定規。一九○八年，原按全價收費的報館密碼電報也減半收費，一九○九年又在此基礎上減價百分之二十。這些規定從經濟上對報館給予支持，但是這種扶持是有目的，清政府以控制新聞的傳遞管道為手段，來規範和約束「其有確遵報律，有裨治安」的報館，並指出凡遵守報律的報紙，減半收費。

晚清「新政」時期，清政府對圖書發行業稅收和運費的減免則基本上是出於積極的考慮，差不多可算是一種主動行為。這些費用的減免，表明了清政府對書業的一個基本態度，也能有效降低圖書的發行成本，使出版者可以更優惠的價格進行推銷，最終有利於促進圖書的廣泛流通。

一九○二年十二月十六日，《大公報》報導：「上海書籍販運過牛莊時，例須報納關稅。實按斤釐以為之的。凡書籍重至百斤者，納書稅銀七錢。近日，洋關為輸入文明起見，特頒示諭，將書稅一項悉行豁免云。」[57]王維泰在《汴梁賣書記》中記載：一九○三年農曆二月初四日，一當他們一行人到達漢口後，「承施潤翁飾人轉問洋關，知

---

57 當然，一九○三年農曆三月十一日《大公報》的一條要聞卻說的是另一回事。「京師大學堂總辦處自本月初二日選派藏書樓供事夏傳鼎前赴天津日本郵船株式會社提取書籍、儀器、標本等件，共二十四箱。外有管學大臣一函致津海關道唐少川觀察，商請免稅放行」。如果圖書等教育用品免稅已成定例，那又何必還要多此一舉，商請免稅放行呢？因此，圖書免正稅是否在此時已成為一項定制並在全國得到執行，這本身仍有很大的疑問。但是不論怎樣，圖書作為教育發展的必需品，作為開啟民智的工具，它的運銷在一定程度上得到清政府及地方大員的稅收減免支持，這還是可以肯定的。

書系免稅之物」。[58]可見，到一九〇三年初，圖書免正稅已開始實行。

「招商局輪船裝運官書，向免半價」，既然是稱「向」，那自然是由來已久、有所依據的，或有成文規定，或依據慣例。不過民營書局在這方面是享受不到優待的。但文明書局的廉泉也曾以「書籍為教育用品、啟迪百姓智識」為理由，要求免於納稅，但這一要求遭到了海關洋人的拒絕，他又轉而向袁世凱陳說，「時袁世凱方握直督篆……聞之頗韙其說，遂令廉以書賈名義，正式稟求，即日為之奏請，得旨報可，遂著為定案；惟滬浦捐發生於奏案之後，未能援免」。[59]依靠自己的努力，依仗直隸總督袁世凱、管學大臣張百熙等「當軸諸公」的關照，文明書局支付「招商局輪船運費按四成核收，津榆、蘆漢兩鐵路運費減收半價。」減免運費的最直接後果，就是各書局在「售賣所運書籍」的時候，可以「格外從廉」。[60]

4　為媒介技術使用主體提供權利保障

對於統治階級來說，憑一己之願任意對報刊治罪已非易事，而這對於業報者來說，就是有了明確的活動範圍乃至自我保護的依據，增加了安全系數。否則動輒得咎，甚至丟掉身家性命，人們對報業恐怕會避之唯恐不及，清末報業的發展也就無從提起了。這涉及人治與法治的問題。[61]清政府雖沒有明令禁止辦報，但《大清律例》禁止「妄布邪言」、「煽惑人心」，地方官吏對民間報紙說三道四，稍有不滿便肆其威虐，重則用罪名懲辦，輕則將報館封閉。所以，報人路途艱

---

58 王維泰：〈汴梁賣書記〉，張靜廬輯注：《中國現代出版史料》（甲編）（北京市：中華書局，1954年），頁410。

59 王維泰：〈汴梁賣書記〉，張靜廬輯注：《中國現代出版史料》（甲編）（北京市：中華書局，1954年），頁414。

60 參見《大公報》，1903年8月7日。

61 李斯頤：〈清末報律再探——兼評幾種觀點〉，《新聞與傳播研究》1995年第1期。

難，往往尋求相關庇護。如尋求官方的庇護，要有大官員作後臺，或直接參與，否則難以立足；或尋求洋人作為名義上的主持人，以求得治外法權的保護；或遷入租界，根據不平等條約所賦予的特權，躲避清廷的勢力。[62]

　　但是，隨著晚清傳媒制度的變遷，這種狀況發生了很大的變化。一八九八年一月，強學會雖被查禁但旋即被改建為官報局，這無疑是清廷「報禁」政策有所變化的一個徵兆。一批維新志士也正在清廷對辦報態度曖昧之時投身到近代報刊的創辦之中，並且得到一些官員的認可和支持。《時務報》、《湘學新報》、《國聞報》、《湘報》等紛紛創刊。「百日維新」期間，維新派的革新建議和其地一些改革要求，通過光緒帝發佈的上諭傳向全國上下。光緒帝先後發佈有關的改革法令，計有一百八十條左右，平均每天頒發一點七條。最多的一天即九月十二日竟頒發十一條維新諭旨。光緒帝改革的心情是急迫的，改革的內容是全面的，其中有大量上諭涉及准許民間創辦報館，准許平民上書言事，官吏不得阻礙，正式承認官報、民報均有合法的地位，「報禁」、「言禁」的藩籬被沖倒，官紳士民破天荒第一次得到辦報的自由。這比前一階段對近代報刊的默認支持是一重大進步，掀起中國新聞事業史上的第一個辦報高潮。

　　與第一次辦報高潮相比，晚清第二次辦報高潮的辦報主角由改良派逐漸轉換為革命派，其戰鬥力增強，分佈地區也明顯放大，邊疆少數民族地區也都開始辦報，且白話文報紙增多，擴大了讀者面。在內容上，報紙逐漸具備新聞、評論、副刊和廣告四大要素，其中新聞報導量有很大增加。在形式上，大多數報紙由近代形態發展到現代形態，「報」擺脫書冊的痕跡，而與「刊」開始分家，從而使報紙的特

---

62 楊師群：《中國新聞傳播史》（北京市：北京大學出版社，2007年），頁76。

點和優勢得到不斷的發揮。[63]

　　二十世紀初，以〈大清報律〉為代表的系列新聞傳播法規，無論是內容還是形式都比較接近西方自由資本主義階段的新聞法：在保護還是限制新聞自由這一點上，突出了對新聞自由的保護；在權利和義務的關係上，側重於權利本位。它在認可報刊的合法地位、規定報業管理以及新聞活動所應遵循的一般規則的同時，不僅使報界有了明確的活動範圍和自我保護的依據，客觀上也使得清王朝權力的任意行使受到了一定的規範制約，極大地促進了晚清報業的發展。

　　比如，政事、軍情、災異一直是封建社會新聞報導的禁區，晚清報律取消了部分限制，其中規定的禁載事宜只有詆謗和教唆，記者的採訪自由及言論自由有所放寬。一九〇七年經清廷民政部批准，在司法審判時專為記者添設了旁聽席；一九〇九年各省諮議局先後成立，均允許記者旁聽辯論；一九一一年資政院召開首次會議即有二十餘名記者被允許到會採訪。有些地方還給記者以特殊待遇，如廣東巡警總局特邀記者每周一次列席巡官會議，以謀求社會的信任和報界的監督。

　　自此，長期以來形成的官報官話一統天下的新聞言論專制局面被打破了，報章上出現了大量披露政府內政外交、揭露地方官吏腐敗的文字，其數量之多、範圍之廣、言論之苛為中國數千年間所僅見。一向被鄙為「文人之末路」的記者的地位有了空前的提升。[64]連憲政編查館在考覈報律的奏摺中也明確指出：「報紙之啟迪新機，策勵社會，儼握文明進行之樞紐也。」[65]

　　此外清政府還制定了一些含有調整與規範新聞事業內容的其它法律，主要有一九〇八年八月頒佈的〈欽定憲法大綱〉。作為近代中國

---

63 楊師群：《中國新聞傳播史》（北京市：北京大學出版社，2007年），頁76-77。

64 孫季萍、王軍波：〈清末報律：在創新和守舊的夾縫中〉，《政法論叢》2001年第5期。

65 劉哲民：《近現代出版新聞法規彙編》（上海市：學林出版社，1992年），頁35。

的第一個憲法性檔，其中規定「臣民於法律範圍以內，所有言論、著
作、出版及集會、結社等事，均准其自由」。[66]這是從國民權利的角度
對表達自由做出的規定。

比較看來，晚清這一系列傳播法規減輕了對違法者的處罰，大大
縮小了刑罰的適用範圍。在中國歷史上，從秦始皇的焚書坑儒到明清
的文字獄，因思想言論而招致殺身之禍的例子俯拾即是。但是在清末
報律中，對違法行為的處罰體現出這樣一個明顯的趨勢，即以行政處
罰和民事處罰為主，以刑事制裁為輔，甚至是洩漏國家機密這樣嚴重
的行為都只是僅做罰款處理，只有鼓動反對皇室和推翻現行政權的言
論須依照刑律治罪。在實踐中，〈大清報律〉頒行以後，儘管以暴力
推翻滿清統治的言論比比皆是，但處以刑罰的案件很少，並且量刑也
不重。處刑最重的是《京華報》的館主，因該報轉載海外革命派的文
章而被判刑兩年。[67]

三　正式制度與非正式制度的合力

傳媒制度是共同作用於傳播活動、傳播現象和傳播秩序的社會因
素結合在一起的系統。組成該系統的每一要素都外生地影響著人們的
選擇。這些要素共同激勵、促使和引導人們根據社會情境（social
situations）採取某種媒介技術實際上該技術或許只是眾多可行技術中
的一種。

傳媒制度結構是一個分層次的約束體系，正式傳媒制度的演化表
現為政府命令、法律條文的改變，非正式傳媒制度的演化則表現為

---

66 〈欽定憲法大綱〉，陳荷夫：《中國憲法類編》（北京市：中國社會科學出版社，1983
　　年），頁358。
67 屈永華：〈憲政視野中的清末報刊與報律〉，《法學評論》2004年第4期。

「千百萬次微小的背叛」。人們由於對利益的追求而產生對原有制度結構的突破性行為，這類行為最容易在原有制度結構的邊際上取得進展。正式傳媒制度可以促進或阻礙這種「微小的背叛」，從而可以加快或減緩非正式傳媒制度變遷的步伐。當然，正式傳媒制度與非正式傳媒制度之間並不存在不可逾越的鴻溝，很多時候兩者只存在實施方式或程度上的差異，因兩兩者之間常常發生良性互動，產生合力。對於從外部世界引入的正式制度，非正式制度接受或拒絕的原因取決於它能否與自己構成新的博弈均衡。也就是說，正式制度與非正式制度能否實現良性互動，關鍵看兩者能否在邏輯體繫上達到「自洽」狀態。

正式和非正式制度的良性互動，就一般意義而言，是指正式和非正式的規則體系經複雜的相互作用而形成「制度互補性」[68]，使制度結構達致新的「雙適態」。[69]當然，正式傳媒制度與非正式傳媒制度能否形成良性互動，最關鍵的還是正式制度構建上的互補和配套。沒有正式制度間的相互協調，媒介技術創新領域中這種良性互動就無法形成。而媒介技術在晚清的發展歷程實際上也是傳統與現代、正式制度和非正式制度之間種種矛盾衝突、協調、再衝突再協調的博弈過程。

從晚清傳播大環境來看，正式傳媒制度與非正式傳媒制度之間的互動可以說是逐漸向良性狀態發展，這自然也為媒介技術的發展助了一臂之力。尤其在一八九五年之後，社會達爾文主義流行於中國，並

68　一種制度的存在、運作導致另一種制度更加鞏固，也就是說，一個制度的存在成為另一個制度存在的理由時，便稱雙方為制度上的互補關係，即形成了「制度互補性」。參見青木昌彥、奧野正寬撰，魏加寧等譯：《經濟體制的比較制度分析》（北京市：中國發展出版社，1999年），頁31。

69　任何兩種具體制度都不存在互斥關係，而是相互適應協調，稱制度的「適調態」；任何個人或群體不存在改變現存制度的動機和行為，稱制度的「適意態」。制度體系既「適調」又「適意」，稱制度的「雙適態」。參見張旭昆：〈論制度的均衡與演化〉，《經濟研究》1993年第9期。

成為知識分子的信仰重心,這種由生物界的競爭而衍生出來的「弱肉強食」和「適者生存」觀點,對身處危機中的中國知識界有著莫大的警醒作用。為了「啟民智」,辦報辦刊顯然是個良策。及至維新運動期間,新式報刊的興辦開始出現雨後春筍之勢,及至辛亥革命風潮湧起後,其勢更盛,僅革命派所辦新型報刊為數即頗為可觀。僅據馮自由在一篇文章中統計列示的,「昔年海內外各地各種革命書報,自乙未年(1895)以訖辛亥,約千數百種」。[70]

由上可見,當時「開民智」已經成為許多知識分子競相追求之事,這種大環境無疑大大推動了媒介技術的引進與應用。即使在偏遠的四川,這種情況亦得以反映。比如,創辦《渝報》時,宋育仁[71]考慮用鉛字排印,但蜀中一直較為封閉,向無排印設備和人才。宋育仁便指定參與辦報的江瀚[72]與上海《時務報》經理汪康年聯繫,代為購買辦報所需的鉛印設備及聘用熟手。江瀚在一八九六年農曆六月四日給汪康年的信中說:「承示鉛字六枚,茲欲購三號與五號者各一具。……將全模二具購就,點明字數,仍交天順祥票號帶渝,或托招商局亦妙。總期從速,是所切盼。」「字模務望速購寄渝,至懇至

---

70 馮自由:〈開國前海內外革命報刊一覽〉,《革命逸史》(北京市:中華書局,1981年),地3集,頁136。

71 宋育仁(1857-1931),字芸子,四川富順人,光緒進士,授翰林院庶起士。中國早期資產階級改良主義思想家,維新運動宣導者,被譽為四川歷史上「睜眼看世界」第一人。一八九四年任出使英法意比四國公使參贊,著意考察西方社會、經濟、政治制度,積極策劃維新大計。回國後,參加維新組織「強學會」。一八九六年,到重慶主持四川商務礦務。設立商務局,興辦洋燭、煤油、煤礦、玻璃、白蠟、捲煙、藥材等公司,為四川紳商領袖。一八九七年創辦《渝報》,樹起了維新宣傳的旗幟,興起了四川近代史上第一次思想解放的潮流。

72 江瀚(1853-1935),福建長汀人,名一作江翰,字叔海、未澥,別號石翁山民,室名石翁山房。清末歷任重慶東川書院山長,致用書院講習,長沙校經堂校書,江蘇高等學堂、兩級師範學堂監督,學部總務司行走、參事官,京師大學堂教授,河南布政使。

懇」。同年農曆七月十一日又函：「前蒙開示鉛字價目，三號字每磅一百個，約一千六百磅，每磅價洋四角，合計兩副共需洋九百六十元。但五號字係備夾註之用，未審宜否，或六號字方合，務祈代為酌定，迅速裝妥，剋期交天順祥帶渝。」「印機必不可少，其價幾何？即望議定，並字模寄渝。總之，既以此事托左右，則當有全權也」。「蜀中向無排印，必須覓一熟手前來。其工價、路資並乞費心議妥，促其速行，至要至要」。[73] 江瀚一八九七年離川後此事六月後便由四川學正張之洞的學生、巴縣舉人潘清蔭接辦。他與汪康年信函頗多。一八九七年農曆七月十日信中說：「春間宋芸子擬在敝郡踵設報館，招弟襄事，所有托購字模及中西報篇，已由江君未瀏函電往復，弟皆與覽。惟字模第五號可用為第三號之夾註否？如可用故佳，否則請酌改第幾號之合度者。又排印雖有印機，敝處少嫻熟習者，擬請尊處代雇一人來以引導，俾下手資以學習，來往川貲及月薪若干得示照給，其人必偕字模同到，庶易於開辦也。」

同年農曆九月朔日又函：「銅模及鉛字各購兩套。鉛字無論上海有無現成，製備自屬尚易，銅模如何？是否上海有現成之物？抑可製造？或必須購自外洋？如購自外洋，由訂購日至交貨日約計幾時？乞先示。倘需時尚多，即懇將鉛字先寄，以便開辦，銅模續寄可也。」「鉛字前惠寄者凡六號，商定請購第三第五兩號，以備印報、印書、直行夾註之用。如第五號不堪作第三號夾註，請別購一號，總期雙行與獨行輳合，不相離齬為主」。農曆九月十一日三鼓再函：「印機大小，既以貴報為準，即可酌定用某樣為合，此機不知僅印鉛字版耶？抑可印尋常木刻之版耶？如可以印木版，即懇將印機於九月得信後購成即寄。」「如早有印機至，其印法必較人力為速便也」。緊接著次日

---

73 上海圖書館：《汪康年師友書劄》（一）（上海市：上海古籍出版社，1986年），頁259-261。

又在函後加寫：「又如印機可兼印木板，則管機友人必須雇定，與印機同時來川。今暫寄合同一紙，以昭大信。」另外還致函汪康年委託正在日本的留日學生監督孫淦購買日制的印機、制字機、銅模、鉛字。「芸子檢討來渝，以銅模到蜀需時商定，暫用木刻試辦，已於十月十一日開館」。[74] 儘管由於印刷設備終歸未能及時抵渝，《渝報》只得採用木板雕印，但這充分說明了媒介新技術的應用不僅是社會所需，而且也已深入人心。

各種書籍報刊不遺餘力地為「開民智、新民德、鼓民力」製造輿論，終極其旨歸則是強種保國。「開民智、新民德、鼓民力」運動所要完成的是一種社會個別成員與國家的完美結合，以創造國族競存的根基，「達爾文主義在這裏所提供的想像和視界，就更顯得關鍵重要」。[75]

無論是清政府，還是革命派或保守派，「開民智、新民德、鼓民力」當時是一個均可以接受——事實上也不可能不接受的結果。這一點對晚清新聞傳播法規的制定顯然也有著深刻影響。正如有論者指出的，從維新運動開始，進步社會群體把開啟民智作為進行社會改造的要策之一，民辦報刊業的逐漸興盛即與此密切相關，在形勢的促迫下，也是為爭取民眾的需要，清方在開放民間言路方面也作了一些表示。[76]

晚清政府出臺的五部報律，可以說是「越往後越是寬鬆」，刑事處分的範圍和量刑程度也不斷縮小，後期甚至對洩露軍事、外交機密等也改用罰款這樣的民事手段進行處置。從一九〇七年開始清政府甚

---

74 上海圖書館：《汪康年師友書劄》（三）（上海市：上海古籍出版社，1986年），頁2896-2902。

75 黃金麟：《歷史、身體、國家：近代中國的身體形成（1895-1937）》（北京市：新星出版社，2006年），頁42-43。

76 董叢林：《晚清社會傳聞研究》（北京市：人民出版社，2007年），頁40-41。

至開放了報界對司法審判、軍事活動和重要會議的採訪許可權。至於報導和評論，只要不是直接號召暴力革命，即使是對清廷內政外交和皇室的尖銳批評，報律也都不加以限禁。即便晚清政府後來所制定的報律，其執行力度日趨「寬鬆」，但還是遭受各方抵制。各報館不僅對報律的禁條根本不予理會，甚至連註冊的手續也不去辦理。[77]

在〈大清報律〉出臺以後，各報館甚至發表宣言書，申明不承認該律第七條規定的新聞檢查辦法，並表示將於某日同時停版的方式，堅決予以抵制。〈大清報律〉第七條規定的「報紙在出版前必須將報樣送官署審查」也無人執行。個中原因，想來也是簡單無外乎兩個：一、他們想抵制；二、他們敢抵制。而他們既想抵制又敢抵制恰恰表徵了當時寬鬆的非正式傳媒制度。無疑，這種非正式傳媒制度和正式的傳播法規一道推動了當時媒介技術的狂飆突進。

第三節　傳媒制度非中性與媒介技術非中性

如果說技術邏輯源於技術形式特有的規定性，那麼制度邏輯則充分體現著人類作為技術的開發者和使用者對工具的支配態度。[78]但是，正如懷特海（A. N. Whitehead）所指出的，「一個社會制度是被本能行為，以及叢生在習慣和偏見周圍的本能情感的盲目力量結合在一起的」[79]，制度中蘊涵著文化基因，是人的倫理關係、價值關係及其評判尺度的現實凝結物。因此制度中有相當一部分具有非中性。

---

77 陳柳裕：〈形同虛設的晚清報律〉，《浙江人大》2003年第11期。

78 於小川：〈技術邏輯與制度邏輯——數位技術與媒介產業發展〉，《武漢大學學報》（人文科學版）2007年第6期。

79 A.N. 懷特海撰，周邦憲譯：《宗教的形成／符號的意義及效果》（貴陽市：貴州人民出版社，2007年），頁94。

一 傳媒制度的非中性

最初提出「制度非中性」[80]這一概念的張宇燕認為，制度非中性是指同一制度對不同人意味著不同的事情。在同一制度下不同的人或人群所獲得的往往是各異的東西，而那些已經從既定制度中或可能從未來某種制度安排中獲益的個人或集團，無疑會竭力去維護或爭取之。[81]簡而言之，如果說中性制度是對社會的每一個人而言有益或至少不受損的制度，那麼具有非中性的制度就是給社會的部分成員帶來好處但使另一部分人受損失為代價的制度安排。

傳媒制度的非中性尤其明顯，「不同集團在制度面前被區別對待，在分配和享受制度保護的實際利益時獲得的份額不同，甚至此消彼長。在同一個制度框架內生活的群體和個人不可能享有性質相同或強度相等的產權保護。一來，制度、法律和政策通常具有明顯的傾向性。兩者，在劃分和界定產權的過程中，即便表面上平等適用於所有對象的規則，不同階層、集團或個人從中的受益和受損狀況也不盡相同」。[82]因為成文規則是組織歷史中的一種特殊因素，它們在型塑組織事件的同時也受到組織事件的影響。它們被創建、修訂和廢止，這些

---

80 除了在〈利益集團與制度非中性〉中首次提出「制度非中性」外，張宇燕和高程曾以西歐和晚明中國為案例，討論了產權制度非中性與大國長期增長的關係，並得出如下結論：在特定歷史階段，國家是否對具有生產性的商人集團的財產權利實施非中性保護，是一國能否實現長期增長的關鍵。相關內容詳見張宇燕：〈利益集團與制度非中性〉，《改革》1994年第2期；張宇燕、高程：《美洲金銀和西方世界的興起》（北京市：中信出版社，2004年）；張宇燕、高程：〈海外白銀、初始制度條件與東方世界的停滯：關於晚明中國何以「錯過」經濟起飛歷史機遇的猜想〉，《經濟學》2005年第1期。

81 張宇燕：〈利益集團與制度非中性〉，《改革》1994年第2期。

82 高程：〈非中性制度與美國的經濟「起飛」〉，《美國研究》2007年第4期。

行為方式留下了歷史痕跡。[83]

　　「傳播是一種現實得以生產（produced）、維繫（maintained）、修正（repaired）和轉變（transformed）的符號過程」[84]，「為了達到控制空間和人的目的（有時也出於宗教的目的），更遠、更快地擴散（spread）、傳送（transmit）、散播（disseminate）知識、思想和信息」。[85]所以，傳播活動總是與特定的境況結合在一起，同時，特殊的境況也決定了任何的傳播活動都不是對其它境況的簡單複製，而是利益主體加以篩選和改造的。

　　晚清時，政治派系林立，報刊為之喉舌，皆從自己的立場出發篩選信息，發表言論，進行論爭甚至相互指責。即使政治色彩不是特別鮮明、面目相對平和的報紙亦如此。比如《大公報》，就慣在「傳聞如是」的提示性小標題下登載一些消息，時常還特別加以「傳聞如是，未知確否」類的說明。有時因所載傳聞不實，引發交涉。像一九〇三年五月間該報載聞涉及一所學堂管理上的弊情，被該學堂指為「誤傳」，「人將概以捕風捉影目之」，說是這會致使人們對該報所有載聞產生不信任感，「將盡疑其為虛妄」。

　　當時，在華外國報刊對信息採集利用也具有明顯的利己性，而且它們在媒介技術和方式方法上更具優勢，以致它們不僅與中國民間而且與清朝官方也存在牴牾。

　　上述情況也正是傳媒制度非中性的表現之一。不消說有的報刊主觀上即有根據自己的需要，不問虛實，採登傳聞，甚至造作虛假消息

---

83 詹姆斯・馬奇、馬丁・舒爾茨、周雪光：《規則的動態演變：成文組織規則的變化》（上海市：上海人民出版社，2005年），頁1。

84 詹姆斯・W・凱瑞撰，丁未譯：《作為文化的傳播》（北京市：華夏出版社，2005年），頁12。

85 詹姆斯・W・凱瑞撰，丁未譯：《作為文化的傳播》（北京市：華夏出版社，2005年），頁6。

的故意，即使刻意求實求真，為信息大環境所限也未必做到。平時如此，在有重大事變發生、動盪混亂的情勢下，有關詳確的消息來源管道更或無從談起。不僅對於報刊的信息來源是這樣，而且更應視之為特定時候的一種頗為普泛化的信息環境條件。[86]

即使就傳播習俗來看，它們也不是打補丁似的隨便湊在一起。它們只有在能配合一個文化的設計或能重新剪裁或染色以配合文化設計時才會被採借。它們除了必須配合文化的象徵模式外，還得在特定政治制度、經濟關係下的軌道上運行。

二　媒介技術的非中性

技術的價值問題一直是國內外學術界普遍關心和爭論不休的話題。

技術中立論者認為技術在本質上是中性的，技術為人類的選擇與行動創造了新的可能性，但也使得這些可能性的處置處於一種不確定的狀態。技術產生什麼影響、服務於什麼目的，這些都不是技術本身所固有的，而取決於人用技術來做什麼。在他們看來，技術變遷卻往往被描述為超越社會影響而存在的，即使是技術選擇也常常被認為是由技術的內在邏輯所決定。

而認為技術非中性論者則持相反的意見，認為「把技術視為達到某一目的的手段或工具體系，並進而認為技術與倫理、政治無涉的技術中性論雖然符合直觀，並反映了一定的事實，但卻並不全面」。[87]日本學者星野芳郎（Yoshiro Hoshino）對技術與政治的關係也進行過研究，認為「科學技術的革新如果掌握在社會的統治階級之手，就成為

---

86 董叢林：《晚清社會傳聞研究》（北京市：人民出版社，2007年），頁43-44。

87 高亮華：《人文主義視野中的技術》（北京市：中國社會科學出版社，1996年），頁14。該書在第一章專門列出第二節對技術中性論進行了批判。

捍衛權力結構的重要手段」這種說法「令人拍案叫絕」。[88]美國哲學家安德魯・芬伯格（Andrew Lewis Feenberg）在《技術批判理論》的前言中提出：「我們都知道，現代技術跟中世紀的城堡或中國的萬里長城一樣，都不是中性的；它體現了一種特定的工業文明的價值，特別是那些靠掌握技術而獲得霸權的精英們的價值。」[89]各種個人、集團和社會機構都程度不同地參與了這一錯綜複雜的過程，實際做出決策的那些人並不是孤立行動的。[90]不同的主體對技術有不同的價值取向，如技術角度的參與者更重視技術的先進性與效率性等，社會角度更重視技術對社會文化、倫理道德、生活生產方式等產生的影響，調節角度則要兼顧政治、經濟等多種因素。

僅僅就本體的意義（「元技術」的或自然屬性的）而言，技術自身的價值顯然應該是「中立」（neutrality）的。[91]但是毫無疑問，「技術不是赤裸裸地來到的。它不是中立的。它也絕不是簡簡單單、直截了當到來的」[92]，所以解析技術的時候，我們不可能僅僅停留在對其自然屬性分析的階段，必須要在制度層面對其社會屬性加以剖析。技術的發展本身在制度環境下會出現與制度的性質相對應的價值偏向特徵和技術的選擇性發展，所以技術中立論是站不住腳的。

正如有論者指出的，技術的自然屬性不能取代技術的社會屬性，技術本身的有用性不等於技術在制度環境下的價值偏向性。技術的社

88　星野芳郎撰，畢曉輝、董守義譯：《未來文明的原點》（哈爾濱市：哈爾濱工業大學出版社，1985年），頁50。

89　安德魯・芬伯格撰，韓連慶、曹觀法譯：《技術批判理論》《北京市：北京大學出版社，2005年），頁1。

90　郝鳳霞、陳忠：〈論技術與社會之間的張力〉，《中國科技論壇》2004年第6期。

91　陸江兵：〈中立的技術及其在制度下的價值偏向〉，《科學技術與辯證法》2000年第5期。

92　羅傑撰，陶慶梅譯：《西爾弗斯通・電視與日常生活》（南京市：江蘇人民出版社，2004年），頁116。

會後果必須在技術成為制度或組織調控的對象時才具備價值的傾向性。如果說技術會產生什麼特殊的政治與倫理問題的話，那麼，其責任並不在於自然屬性的技術自身，而恰恰在於技術運行的社會環境——制度和組織過程之中。這就是說，制度是「技術理性」產生的真正根源。[93]

傳播媒介當然是中立的。但它被賦予的目的卻不是中立的。[94]媒介技術是在傳媒制度條件下存在的，一定傳媒制度下的媒介技術將為該制度服務，因而媒介技術也將不可避免地帶上政治和倫理的色彩。所以媒介技術並不能被簡單地視作我們所用的對象。它是某種特定的利益和可能性的體現，甚至起到了構建我們的選擇和偏好的作用。

技術這一最實在的物質產品，從其產生之日起就徹底是文化的產物：它所展現的觀點和靈感實質上是一種創造與表達。傳播媒介不僅僅是某種意願與目的的工具，而是一種明確的生活方式：它是一種有機體，是我們思想、行動和社會關係中的矛盾的真實縮影（miniature）。[95]媒介技術是生產和消費它的社會體制中的一部分，其生產與消費牢牢地嵌入到社會、文化、政治與經濟的母體之中。脫離了社會背景，媒介技術發展就不可能得到完整意義上的理解。人類社會並不是一個裝著文化上的中性的人造物的包裹。那些設計、維持和接受媒介技術的人的價值觀、傾向與既得利益必將體現在媒介技術之中。

---

93 陸江兵：〈中立的技術及其在制度下的價值偏向〉，《科學技術與辯證法》2000年第5期。

94 赫伯特·席勒撰，劉曉紅譯：《大眾傳播與美利堅帝國》（上海市：上海譯文出版社，2006年），頁60。

95 詹姆斯·W·凱瑞撰，丁未譯：〈引言〉，《作為文化的傳播》（北京市：華夏出版社，2005年）。

三　傳媒制度參與了媒介技術的社會建構過程

1 社會建構論視角下的媒介技術發展

　　社會建構論（social constructivism，或稱社會建構主義）是一股盛行於當代社會科學領域的理論思潮。社會建構論視角的技術研究，二十世紀八〇年代初首先在西歐興起，之後在全球範圍內迅速擴展，如今已成為 STS[96]領域的重要潮流。社會建構論的技術研究主要是從方法論上引入了建構主義，強調要考察技術被「建構」的過程。

　　媒介技術的社會建構意味著：媒介技術是在特定社會結構下的社會行動中形成的。在其發展過程中，在關於媒介技術的多種價值觀之間，在媒介技術與政治、經濟、文化多方因素之間，存在著複雜的衝突和調和，社會因素全面深入技術內部，形成了技術與社會的「無縫之網」（seamless web）。

　　當然，強調媒介技術與社會之間的「無縫之網」，並不是否認媒介技術的客觀實在性，它只是表明「一種特定的觀察視角，即認為技術是在多種因素的共同建構中產生的，強調對技術的理解不應局限於『技術性』的結構、效率、功能等，社會因素是理解技術創新的必需變數。這樣，對技術的成功和失敗就不能簡單地根據其效用性或內在結構作出功能主義的說明，而需要用社會因素來解釋」。[97]

2 社會對媒介技術的部分建構

　　將媒介技術界定為社會過程和社會實踐勢必引發下列疑問：這一

---

96 STS 在國外大致有兩種含義，其一是 Science, Technology and Society；其二是 Science and Technology Studies。相關背景可參見殷登祥：〈試論 STS 的對象、內容和意義〉，《哲學研究》1994年第11期。

97 邢懷濱：《社會建構論的技術觀》（瀋陽市：東北大學出版社，2005年），頁46。

界定是否能夠包括媒介技術的全部內容？媒介技術中具有必然性的客觀規律如何用社會建構來解釋？

實際上，「社會建構論者所指的技術內容主要側重於技術的外在形式」[98]，技術中有些具有必然性的客觀規律，當然是無法被協商或建構的。比如，社會因素可以決定電報費用的高低，從而影響電報技術的發展與應用，但是社會因素不能對電磁波的速度進行協商或建構。顯然，社會對媒介技術的建構只是部分的。換言之，媒介技術和其它技術一樣，具有「可塑因」與「不可塑因」兩部分。

當然，如何識別可塑因與不可塑因，並非一蹴而就之事，這裏只是嘗試性地提出一種前提性的分析框架，需要進一步的深入剖析。

3 媒介技術被建構程度受制於其與權力中心的距離

社會建構論並不等於社會決定論。媒介技術中既有可塑因，又有不可塑因。而相比之下，媒介技術的可塑因比例更大。這是因為媒介技術所處的新聞傳播場離資本和權力中心更為接近的緣故。

何謂場域？布迪厄（P. Bourdieu）認為：「從分析的角度來看，一個場域可以被定義為在各種位置之間存在的客觀關係的一個網路（network），或一個構架（configuration）。正是在這些位置的存在和它們強加於佔據特定位置的行動者或機構之上的決定性因素之中，這些位置得到了客觀的界定，其根據是這些位置在不同類型的權力（或資本）——佔有這些權力就意味著把持了在這一場域中利害攸關的專門利潤（specific profit）的得益權——的分配結構中實際的和潛在的處境（situs），以及它們與其它位置之間的客觀關係（支配關係、屈從

---

98 邢懷濱：《社會建構論的技術觀》（瀋陽市：東北大學出版社，2005年），頁60。

關係、結構上的對應關係，等等）。」[99]很顯然，正統與異端之爭旨在爭奪對於解釋場域合法遊戲規則的壟斷權。而任何一方對於遊戲規則的制定都是根據自己的位置和利益來進行有意識或無意識的調節。[100]

正如陶德·吉特林（Todd Gitlin）所指出的：「新聞業的慣例是以新聞群組織的經濟利益和政治興趣為基礎的，往往從對各種社會現實的篩選中得到體現。」[101]新聞傳播場域和其它場域一樣，由不同位置形成開放性的關係網絡，但新聞傳播場和政治場和經濟場一樣，比科學場、藝術場甚至司法場更易受制於資本和權力。儘管新聞傳播場也可被視為一個文化生產場域，但是比起其它較自律的文化生產場而言，它更接近經濟和政治場，所以更容易受場外力量的影響和控制。

4 傳媒制度參與了媒介技術的社會建構過程

「技術演化是建構的演化，即技術發展具有演化特徵，其動力源自於各種力量的建構作用，技術多樣性源自於行動者的異質性，行動者之間的協商構成了選擇環境。技術發展是技術與社會相互適應、協同演化的過程」。[102]也就是說，社會建構論不再把技術與社會作為分離的元素，而是探討兩者的互動，認為技術本身就是社會的體現，將技術與社會加以有機統一。

同時，社會建構論將技術界定為社會行動，表明了技術發展過程中技術因素與社會因素的相互融合。這意味著傳媒制度政策不是要根

---

99 皮埃爾·布迪厄、華康德撰，李猛、李康譯：《實踐與反思：反思社會學導引》（北京市：中央編譯出版社，1998年），頁133-134。

100 朱國華：《權力的文化邏輯》（上海市：上海三聯書店，2004年），頁183。

101 陶德·吉特林撰，張銳譯：《新左派運動的媒介鏡象》（北京市：華夏出版社，2007年），頁11。

102 邢懷濱：《社會建構論的技術觀》（瀋陽市：東北大學出版社，2005年），頁136。

據媒介技術發展而決定,也不是決定媒介技術發展,而是參與了媒介技術的社會建構過程。

　　制度是一個社會的博弈規則,或者更規範地說,它們是一些人為設計的、型塑人們互動關係的約束。從而,制度構造了人們在政治、社會或經濟領域裏交換的激勵。制度變遷決定了人類歷史中的社會演化方式,因而是理解歷史變遷的關鍵。[103]制度也許最終會被發展變化中的技術所侵蝕,但是這可能是一個深刻的歷史進程。而且這種侵蝕也許是不均勻的,當然也許是致命的,即制度仍然沒有受到觸及,而其它方面卻發生了變化。剩下的那些毫髮未傷的制度仍然指揮著事物的總的發展方向。[104]

　　媒介技術的發展是形成新的傳媒制度的這個過程中的一個環節,它也深深嵌入在傳媒制度的慣性之中,深受制度慣性的影響。甚至可以說,媒介技術的發展本身就是一種制度化的過程,它涉及許多結構、功能、組織、行動的問題。因此應在傳媒制度背景下分析媒介技術的建制問題。

　　在媒介技術創新的可能性已經具備而尚未實現媒介技術發展的理想狀態時,重要的問題或許應當轉移到社會方面,關注的焦點也應相應地集中於傳媒制度,切不可就技術而技術,自然也不能脫開技術談技術。

---

103 道格拉斯・C・諾思撰,杭行譯:《制度、制度變遷與經濟績效》(上海市:格致出版社/上海人民出版社,2008年),頁3。

104 赫伯特・席勒撰,劉曉紅譯:《大眾傳播與美利堅帝國》(上海市:上海譯文出版社,2006年),頁144。

四　傳媒制度與媒介技術的內在一致性

實際上，我們在細分制度與技術的同時，也會發現兩者存在著互通性。技術在一定程度上可以被理解為制度的一種，因為技術系統本身就是一種特殊的制度結構。企業所處的特殊技術水準、技術結構、技術環境本身就是另外一種含義上的制度；在制度可以作為技術理解的層面上，我們可以看出有效的制度安排對人的激勵、對資源的優化配置以及其合理的組織管理協調，其實也可以理解為廣義的技術。只要技術和制度無法脫離人的存在而存在，它們就一定會帶上生存的烙印，對其分析也應置入社會系統這樣的背景之中。

相同的正式傳播法規，其效率卻可能由於周圍輔助性的非正式傳媒制度的差別而大相徑庭。顯然，傳媒制度不僅包括行為和組織結構，還包含著文化結構模式。同樣，媒介技術同文化慣例、政治經濟力量甚至人們使用技術發明的社會意向等緊密相連。

傳播的起源及最高境界，並不是指智力信息的傳遞，而是建構並維繫一個有秩序、有意義、能夠用來支配和容納人類行為的文化世界。[105]在傳媒進步的歷程中，人類自始至終都離不開技術和制度兩大要素的支撐。正是媒介技術的不斷進步和傳媒制度的不斷變遷，才推動人類的傳播事業不斷向前。在晚清的現代化進程中，媒介技術發展與傳媒制度變遷也正是桴鼓相應。

本章小結

傳媒制度可分為正式制度安排和非正式制度安排兩部分。正式制

---

105 詹姆斯・W・凱瑞撰，丁未譯：《作為文化的傳播》（北京市：華夏出版社，2005年），頁7。

度安排是指人們有意識地制定的一系列的政策法規。非正式制度安排則是指長期交往中自發形成並被無意識地接受的行為規範，由文化演進所形成的行為的倫理道德、傳統文化、風俗習慣、意識形態等。非正式制度安排對於正式制度安排的合法性，對於現實社會契約關係是否正義或公平的評判都是至關重要的。

　　制度變遷發生在結構和心理兩個層次。變遷最主要的障礙是結構性障礙，而不是心理或文化的障礙；改變態度和觀念十分重要，但它們本身不足以真正改變鄉村文化中普遍的不平等結構。發展問題常常在於制度，而非個人心理。[106]人是制度性存在物，人通過制度而存在。制度既有主體性規定，又有客體性規定。制度作為固化的、客體化的社會關係制約並標誌著人的發展及其程度。[107]

　　一種文化秩序也許是我們作為個人在我們日常行動中最容易認為理所當然的事。在大部分情況下，它是一種含蓄的結構，它已經被我們所內在化，並無意識地指導我們對待交易和管理的態度。[108]綱常解紐的晚清蘊藏著豐富複雜的思想和文化因素。亦如錢穆先生所言，「歷史上沒有無因襲的政治，無傳統沿革的制度」。媒介技術的發展總是「嵌入」在社會結構之中的——包括政治制度、法律、權力結構、日常生活以及文化習俗等等。人們創造歷史所憑藉的全部資源，包括他們所依賴的生產力、社會交往形式和各種精神財富，也無不是先前全部歷史的積累與遺存。

　　這些歷史的積累與遺存深植於人們心靈底層，盤錯於社會根柢，

---

106 柯克・詹森撰，展明輝等譯：《電視與鄉村社會變遷》（北京市：中國人民大學出版社，2005年），頁8。

107 王海傳：《人的發展的制度安排》（武漢市：華中師範大學出版社，2007年），頁48。

108 馬克斯・H・布瓦索撰，王寅通譯：《信息空間——認識組織、制度和文化的一種框架》（上海市：上海譯文出版社，2000年），頁471-472。

根深蒂固。它們不可能不制約著媒介技術發展的進度以及所能達到的限度。無論是過去還是現在，制度總是一個「混合袋子」（mixed bag），在其中，「既有促使生產能力提高的因素，也有降低生產能力的因素。同樣地，制度變遷也總是能為上述這兩種軌跡相反的運動提供機會」。[109]

　　從傳媒制度對媒介技術發展的阻滯來看，社會的博弈注論形成劣位帕累托均衡，正式與非正式制度結合後造成的結構性障礙在激勵導向上背離創新方向，這種障礙內生地壓制著一切創新，阻滯了媒介技術發展的腳步。

　　從傳媒制度對媒介技術發展的推動來看，它可以從合理性（發展的理性依據）、合法性（發展的秩序依據）和合情性（發展的情感依據）三個方面為媒介技術創新和發展提供支持。設計良好的傳媒制度能使媒介技術發展的可能性邊界不斷擴大，對其產生強大的助推作用。

　　正式傳媒制度和非正式傳媒制度的良性互動，可以達成「戰略性互補」的關係，使制度結構達致新的「雙適態」。當然，正式傳媒制度與非正式傳媒制度能否形成良性互動，最關鍵的還是正式制度構建上的互補和配套。沒有正式制度間的相互協調，媒介技術創新領域中這種良性互動就無法形成。而媒介技術在晚清的發展歷程實際上也是傳統與現代、正式制度和非正式制度之間種種矛盾衝突、協調、再衝突、再協調的博弈過程。

---

109 道格拉斯・C・諾思撰，杭行譯：《制度、制度變遷與經濟績效》（上海市：格致出版社／上海人民出版社，2008年），頁11。

結語

翻開人類傳播進化史，我們可以看到，人類傳播活動的進步取決於媒介技術的發展，一部人類傳播發展史，歸根結底是一部媒介技術發展史，媒介技術的每次重大進步都會影響到傳媒制度乃至整個社會結構的變化。

媒介技術是一個完整的傳播過程不可或缺的因素，媒介技術的發達狀況決定了媒介的發展水準，它的發展使得傳播活動由低級到高級、由簡單到複雜、由緩慢向快捷不斷推進。當然要指出的是，「對媒介技術的分析不是對媒介的技術原理和製造工藝分析，那是科學家和工程師們的工作。作為一門社會科學，傳播學視野中對媒介技術的分析是指作為一個既成的媒介，它在傳播過程中對傳播行為所發揮的作用和影響。也就是說，它對建構人與人之間的主體關係所起的作用的過程和效果」。[1]

一　媒介技術發展受制於整個技術體系

媒介技術具有自然屬性和社會屬性的雙重特質，由此決定著媒介技術發展的自主和可控的雙重特性。作為技術構成要素的傳播主體、傳播客體和信息產品都具有社會性，任何媒介技術的存在和發展都離不開特定社會技術體系的支撐。這種社會技術體系包括三個方面：

---

[1] 李慶林：〈傳播技術塑造文化形態──一種傳播學的視野〉，《經濟與社會發展》2005年第7期。

一、物質資源，指原材料、能源、機械、人力等；二、智力資源，指科學知識和技術知識及能力的狀況等，除非它們的存量能夠擴張，不然新技術的發展最終會陷入收益遞減的境地；三、社會條件，指市場機制、政治和法律約束等。

如果我們把四大發明看作中國古代科學技術的代表，那麼就會得到一個重要結論：四大發明主要是技術創造，反映了中國古代科學技術體系中技術成果占主導地位，並且它是在封建「大一統」的社會結構中轉移和發展的。我們可以把古代中國的技術結構概括稱為「大一統型」技術。[2]中國的媒介技術發展自然一直受制於這種「大一統型」技術體系。

二　晚清媒介技術革命成為傳媒制度變遷至關重要的推力

由於電力和蒸汽動力的使用，晚清媒介技術取得了革命性突破。媒介新技術提高了傳播速度，擴大了傳播範圍，增強了傳播效果，降低了傳播成本。更重要的是，這種革命性突破衝擊了當時的社會文化和社會結構，促使了國民傳播觀的變革。

晚清媒介技術進步帶來的溢出效應將會影響到社會制度的各個層面，自然也會促動傳媒制度的變遷：一、晚清媒介技術的發展導致了傳播新觀念的產生與擴散，促使非正式傳媒制度的出現；二、媒介新技術自身也對傳媒制度變遷產生了需求，而且媒介技術發展會降低制度變遷成本，從而有利於制度創新；三、媒介新技術與其它因素產生合力，共同推動傳媒制度變遷。

2　劉青峰：《讓科學的光芒照亮自己》（北京市：新星出版社，2006年），頁214。

當然，技術並不是規定社會前行的唯一力量，「我們需要拋棄各種技術決定論和媒體中心主義。傳播史並非一部機器史，而是一部新興媒體促成權力體系重構和社會關係網路重組進程的歷史。要想瞭解這個歷史過程，我們就必須避免工具主義」。[3]雖然技術邏輯為傳播活動的發展提供了強大的內生動力，但這股力量究竟能否實現或是怎樣實現還有待於社會對它的選擇。

三 晚清時媒介新技術影響傳媒制度的動因

活字印刷術在中國古代為何長期未成主流，也就是說未能對傳媒制度形成真正衝擊，那麼為何晚清時媒介技術發展能夠對傳媒制度產生重要影響呢？

從晚清媒介新技術自身之所以能夠順利實現創新的擴散來看，是因為它們跟以往媒介技術相比，無論在技術的創新性、傳播管道，還是在傳播時間以及作為新技術擴散環境的社會系統方面都具備了明顯優勢。

從晚清媒介新技術對傳媒制度的作用方式來看，晚清媒介技術的發展引起社會主流傳播形式的變化，主流傳播形式的變化又促使主導話語形態的更迭，主導話語形態的更迭自然導致傳播觀念的更新，傳播觀念的更新往往會衝擊舊有的傳媒制度格局。正是通過這樣曲折多重然又確鑿無疑的內在動力學機制，媒介技術發展對傳媒制度產生了重大影響。概言之，媒介技術的發展通過利益結構的變更、符號體系的改變、社會性質的變化而推動傳媒制度變遷。

---

3 Graham Murdock, "Communications and the constitution of modernity." *Media, Culture & Society* 15.4 (1993): 521-539.

當然，即使有媒介新技術對傳媒制度變遷的強烈需求，傳播新制度和傳播新格局的形成仍然需要時間和其它因素的合力。作為社會制度變革的一部分，傳媒制度的變遷十分複雜，既涉及媒體與政府的關係問題，也關聯媒體與廣大受眾的關係問題；既包括言論出版的自由與權利問題，也包括出版者所應承擔的責任和義務問題；既有成文的正式社會規範體系，亦有不成文的、非系統化的表現形式。也就是說，傳媒制度的變遷涉及到政府、媒體和社會民眾三方面的利益，是這三種利益主體進行博弈的結果。

四　傳媒制度參與了媒介技術的社會建構過程

社會建構論將技術界定為社會行動，表明了技術發展過程中技術因素與社會因素的相互融合。媒介技術的社會建構意味著：媒介技術是在特定社會結構下的社會行動中形成的。當然，社會對媒介技術的建構只是部分的，也就是說，媒介技術和其它技術一樣，具有「可塑因」與「不可塑因」兩部分。社會行動對技術邏輯的「可塑因」行使著選擇的權利，其選擇作用最終體現於該技術實現社會化擴張的進程之中。

傳媒制度參與了媒介技術的社會建構過程。從傳媒制度對媒介技術發展的阻滯來看，正式與非正式制度結合後造成的結構性障礙在激勵導向上背離創新方向，從而使得除了極特殊的個別個體以外，守舊成為社會所有成員的最佳選擇，社會的博弈均衡解停留在劣位帕累托均衡上。這種障礙內生地壓制著一切創新，鎖定了媒介技術發展的腳步。從傳媒制度對媒介技術發展的阻滯來看，它可以從合理性（發展的理性依據）、合法性（發展的秩序依據）和合情性（發展的情感依據）三個方面為媒介技術創新和發展提供支持。設計良好的傳媒制度

能使媒介技術發展的可能性邊界不斷擴大，對其產生強大的助推作用，具體表現為：第一，提供產權激勵；第二，提供市場激勵；第三，對媒介技術使用主體的權利保障；第四，提供稅費優惠。

　　媒介技術在晚清發展的同時，也是傳統與現代、正式制度和非正式制度之間種種矛盾衝突、協調、再衝突、再協調的博弈過程。

五　媒介技術與傳媒制度兩者關係之分析

　　技術邏輯與制度邏輯是推動媒介發展的兩大力量，技術邏輯源於工具特性，制度邏輯則體現著作為技術開發者和使用者對工具使用的選擇。人類生活的演進，依賴於技術和制度這兩大變數的進步。它們的相互作用構成了社會演進的圖景。「現代的變遷大多是物質條件改變在先，適應文化改變在後」，[4]因此，大多數情況下，媒介技術變化的速率要早於傳媒制度的變遷。

　　當然，技術和制度之間的關係也是複雜的，單純的技術決定論和制度決定論都沒有充分揭示問題。從技術決定論與制度決定論的爭論中可以得出：他們都承認技術與制度間的相互作用，區別在於強調的主次有別：技術決定論強調製度滯後，正因為如此，制度「瓶頸」的打破將為技術發展提供機會；制度決定論強調製度前提，而制度分析表明，制度安排的變革是對獲取機會的應答，而不少獲取機會是由技術變革帶來的。知識和技術確定了制度創新的上限，進一步的制度創新的確需要知識、技術的增長；反之，似乎也可以說，制度則確立了知識和技術進步的上限，在既定的制度框架內，創新總有一天要被停止，因此，制度變遷又成為技術進步的前提。

4　威廉‧費爾丁‧奧格本撰，王曉毅、陳育國譯：《社會變遷──關於文化和先天的本質》（杭州市：浙江人民出版社，1989年），頁111。

　　實際上，技術進步與制度變革是兩個不可分割的範疇，它們相對於同一個經濟主體而存在，相互依賴，相互作用。沒有制度變革，技術進步就缺少支撐環境及保障；而沒有技術進步制度變遷就成了「無米之炊」。兩種變遷只有協調一致才能真正促進社會的發展，否則必然導致效率的損失。[5]無論是制度變遷依賴於技術變遷，還是技術變遷依賴於制度變遷，技術相對落後的後發國家在制度安排方面都不得不面臨著雙重的壓力：一方面由於技術變遷相對滯後而導致制度變遷的供給不足；一方面因技術變遷或技術趕超引致對制度變遷的強烈需求。[6]

　　從長期的歷史角度看，制度與技術之間實際上是相互作用、累積因果的關係，兩者之間「誰決定誰」的關係並不是一成不變的，而是相對的、分階段的、迴圈的。它們在社會中的作用都不能單獨實現，必須與文化因素一起，作為人類社會發展過程中的三個基本因素，相互聯繫、相互滲透和相互制約，共同構成一個具有內在有機聯繫的「同進化」（co-evolution）[7]動態結構。

　　實際上，制度與技術有著內在的一致性和互通性。技術在一定程度上可以被理解為制度的一種，因為技術系統本身就是一種特殊的制度結構。在制度可以作為技術理解的層面上，我們可以看出有效的制度安排對人的激勵、對資源的優化配置以及其合理的組織管理協調，其實也可以理解為廣義的技術。在良性的互相適應性過程中，媒介技術創新和傳媒制度創新是相互依賴、互為因果、共同進化的。不過需

5　比如，拉美諸國雖然引入了美國的憲法體系，但它們依然不甚發達；我國有的企業引進了世界第一流的生產設備，還是無法取得發達國家的生產率。因此可能這麼說，只有制度與技術的合理匹配才有可能出現經濟的繁榮。

6　何宏：〈產業革命制度經濟學思考〉，《合作經濟與科技》2006年第8期。

7　Zhou, xueguang, "Reply: Beyond Debate and Toward Substantive Institutional Analysis." *American Journal of Sociology,* 105 (2000): 1190-1195.

要指出的是，技術創新具有持續不斷的性質，而制度創新則具有相對穩定的性質。即使可能存在著良性互動，並不意味媒介技術創新和傳媒制度創新總要對應性發生。

六　對當下的啟示

技術與制度，古今中外它們總是與人同在。在不同的時空條件下和不同的社會歷史環境中，它們的生發成因、盛衰態勢、文化蘊涵既有相似的一面，又必然都有著獨異的特徵。

漠視和遺忘是人類社會進步的最大障礙，溫故所以知新，只有我們瞭解了數百年來媒介技術如何深刻影響社會結構和社會生活的時候，我們才更有可能對媒介技術的未來發展以及對未來世界的影響形成戰略性的預測和思考，從而在科學理性和技術道德的層面對媒介技術的發展予以掌控。術業有專攻，我們不必也不可能去掌握有關各種媒介技術複雜的工作原理，但至少要記錄下技術的更新換代，各個時期有代表性的成果及其發揮的作用、產生的效益。總之，就是要給予媒介技術應有的重視。

嚴峻的現實和令人感慨不已的歷史，迫使我們去思考媒介技術發展自身的規律及其與社會結構間的深刻聯繫。古老的中華帝國，在不斷輪迴的朝代更迭中，日益走到了輝煌歷史的盡頭，縱使改革也難以挽回其衰敗之發展態勢。在最後一幕中，晚清上演了一出出歷史悲劇，劇中媒介技術與傳媒制度的互動留下了諸多經驗教訓，「制度中人」[8]與制度較量生發出不盡無奈和遺憾。但願這一切對今天的傳媒制度改革產生些許啟示。

8　「制度中人」意指，在一定制度中，行為者的目標和偏好受制度約束。從某種程度上說，每個生存於社會中的人，都是「制度中人」。

　　晚清面臨的諸種問題是歷史造成的，歷史是要由所有過去和當前的人共同負責的，不能單純指責哪一部分人或哪一代人，我們的任務首先是盡可能發現和認識歷史，其次在尊重歷史的前提下，思考其對於今天及將來的啟示，而不是一提及晚清不容分說就扣上一頂意識形態的高帽。事實上，「清朝在它的最後的十年中，可能是一九四九年前一百五十年或二百年內中國出現的最有力的政府和最有生氣的社會。清朝的歷史並不單純表現為漫長的衰敗過程」，[9]所以對媒介技術發展與晚清傳媒制度變遷的分析並不在於得出一個抽象性的結論，重要的是剖析實際中兩者之間的相互關係，及其為當今傳媒制度改革所能提供的參考作用，以便今天的我們能夠做出合理而又適當的選擇。

　　一個國家乃至一個經濟組織的發展究竟是技術決定，還是制度決定，與這個國家、組織所處的特定歷史階段有關。在社會劇烈轉型時期，制度變革對於技術進步就是決定因素；反之，在社會相對穩定時期，技術進步成為經濟增長的主要方面。當前，我國正處於社會轉型時期，由於制度瓶頸的打破將為技術發展提供機會，制度環境的改善將會促進技術的進步。因此，要特別重視技術進步的制度變革。

　　那種片面地論述究竟是媒介技術還是傳媒制度對新聞傳播事業的發展更具有決定意義，或者想回到歷史的起點去探尋最初的決定力量的努力都是不明智的，不僅容易陷入迴圈悖論的邏輯誤區，而且對解決問題亦無裨益。歷史有它自身的運作邏輯，對之真正理性的態度「不是如何阻止歷史之河，而是如何同人類苦痛引起的歷史之河的水污染做鬥爭，如何引導歷史之河邁向它攜帶的更平等的利益分配」。[10]

9　費正清、劉廣京撰，中國社會科學院歷史研究所編譯室譯：《劍橋中國晚清史》，
　　（北京市：中國社會科學出版社，1985年），下卷，頁566。

10　齊格蒙特・鮑曼撰，郇建立譯：《被圍困的社會》（南京市：江蘇人民出版社，2005
　　年），頁21。

媒介技術和傳媒制度以及行動主體共同組成的傳播系統對於人類社會發展的重要性不言而喻。如果我們接受現代性無論過去還是現在總是以媒體為中介的，並且在任何地方都是如此的，那麼，不強調傳播系統在構成其各種主要的制度的、符號的和經驗的形式上所起的重要作用加以定位就計劃它的變革是不可能的。[11]

傳媒制度當然是可選擇的，但並不能隨心所欲，必須以尊重技術因素為前提。媒介技術依然在不停發展，很難想像它的進步會有終點。伴隨著媒介技術的進步，需要解決的問題不是在減少而是在增加：越來越多的新問題、前所未聞的問題和先前不可想像的問題對我們提出了一個又一個新挑戰。所以，對於變數叢生的未來，今天的我們只怕還要經歷漫長的思想探險，才能做出更精確的預言。

七　有待進一步探索的問題

第一，許多極其重要但人們卻司空見慣的事物，長期以來在文明史中的意義常遭忽視，很多學者（比如錢存訓先生等人）認為印刷術便是其中之一，這也的確是個不爭的事實。但我們是否可以換個角度思考一下：活字印刷術究竟有沒有想像中那麼偉大？倒是以發明活字為榮、使用雕版為恥的這種心態值得我們深思。對於晚清媒介技術發展與印刷傳媒制度變遷的關係，除了從顯功能和正功能的角度對媒介技術加以考察外，還可以進一步挖掘其隱功能和反功能。

第二，正如卡爾・曼海姆（Karl Mannheim）所言，「只有通過人本身的改造，社會重建才成為可能」，「沒有人格的轉變，社會的轉變

---

11 格雷厄姆・默多克撰，龐璃譯：〈以媒體為中介的現代性：傳媒與當代生活〉，《學術月刊》2006年第3期。

是不可思議的」。[12]所以有待進一步從「硬技術」和「軟技術」的角度對媒介技術分別加以考察。而且，媒介技術的現代性並不等同於解放的現代性。比如，近代印刷術並沒有改變書籍的形式、內容、材料，以至創作的品質。先進的印刷術雖能使書籍的產量增加，傳佈廣遠，但並不一定就增進書籍內容的高度和深度。即使時至今日的互聯網時代，我們依然還沒有產生一部著作，其體例、規模和創見能超越約用五萬枚竹簡寫成的《史記》。人類思維的能力和文字載體的方式，其間究竟具有怎樣的關係？這是值得我們繼續深思的一個重要課題。

第三，學術上的事往往起點決定終點，對傳播的基本立足點很大程度上決定了隨之而來的分析路徑。[13]以往對晚清新聞傳播活動的研究總是把視角放在受西方文化影響大的大城市，認為這些城市的變化代表了中國社會變化的方向，不去關注或很少關注廣大城鄉在什麼時候、什麼程度上沿著這個方向變化。甚至用政治變革、制度變遷簡單地替代社會變革、文化變遷，以為政治革命必然帶來社會各方面的變化，而且必然帶來思想觀念的更新。「對民間多數人而言，變化小甚至沒有變化是普遍的現象」。[14]在相當一部分內地城鄉，由於舊的生產關係沒有變化，退一步說，甚至連生產關係的基礎——舊的生產力也沒有發生多少變化，不僅經濟十分落後，生活水準仍然十分低下，在這樣的生活背景下新風氣顯然是難以形成的。那我們該怎樣既去關注受政治以及西方文化影響比較大的城市，也去考察遠離政治中心的廣大內地城鄉，從而相對完整地展示晚清媒介技術的進展與傳媒制度的變遷？

---

12 卡爾・曼海姆，張旅平譯：《重建時代的人與社會：現代社會結構的研究》（北京市：生活・讀書・新知三聯書店，2002年），頁12。

13 詹姆斯・W・凱瑞撰，丁未譯：《作為文化的傳播》（北京市：華夏出版社，2005年），頁10。

14 程歗：《晚清鄉土意識》（北京市：中國人民大學出版社，1990年），頁8-9。

　　第四，媒介技術發展與文明變遷的關係是傳播學研究的一個永恆命題，思考媒介技術的發展到底給人類的交流、生存與發展帶來了何種影響，這是傳播學不斷向前發展的動力所在。那麼媒介技術發展與中國的傳媒制度之間的關係和西方又有著怎樣的區別，或者說是否應該又如何能夠和西方的模式有所區別？相對而言，媒介技術的發展可以有更為普遍的原則，而傳媒制度則始終是民族式的。所以對西方的理論和方法要始終保持自己的距離，始終應該從中國政治的具體經驗出發去選擇、核對總和修正西方的理論與方法，而非削足適履地用西方的尺度來簡單套裁中國的經驗。中國的媒介技術發展與傳媒制度之關係是否能夠提供與西方模式不同的另一生動的案例？

參考文獻

一　著作部分

A.N.懷特海撰，周邦憲譯：《宗教的形成／符號的意義及效果》（貴陽市：貴州人民出版社，2007年）。

B.A.艾爾曼撰，趙剛譯：《從理學到樸學：中華帝國晚期思想與社會變化面面觀》（南京市：江蘇人民出版社，1995年）。

Denis McQuail, *Mass Communication Theory* (London: Sage Publications, 1994).

E‧M‧羅傑斯撰，殷曉蓉譯：《傳播學史：一種傳記式的方法》（上海市：上海譯文出版社，2003年）。

Elizabeth Eisenstein, *The Printing Revolution in Early Modern Europe* (Cambridge: Cambridge University Press, 1983).

Elizabeth L. Eisenstein, *The Printing Press as an Agent of Change* (Cambridge University Press, 1979).

Jennifer Slack Daryl, *Communication Technologies and Society* (Ablex Publishing Corporation, 1984).

John Mingers, Leslie Willcocks ed, *Social Theory and Philosophy for Information Systems.* (John Wiley & Sons Ltd, 2004).

M.盧瑟福撰，陳建波、郁仲莉譯：《經濟學中的制度：老制度經濟學和新制度經濟學》（北京市：中國社會科學出版社，1999年）。

Neil Postman, *Technopoly: the surrender of culture to technology* (New York: Vintage Books, 1993).

Peter Isaac and Barry McKay ed, *The Mighty Engine:the Printing Press and Its Impact* (St Paul's Bibliographies, 2000).

R.基辛撰，余嘉雲、張恭啟譯：《當代文化人類學》（臺北市：巨流圖書公司，1981年）。

R.科斯等撰，劉守英，胡莊君等譯：《財產權利與制度變遷》（上海市：上海三聯書店／上海人民出版社，1996年）。

Ray Eldon Hiebert, Donald F. Ungurait, Thomas W. Bohn，潘邦順譯：《大眾傳播媒介》（臺北市：風雲論壇出版社，1996年）。

Robert Redfield, *Peasant Society and Culture: an Anthropological Approach to Civilization* (Chicago: Chicago University Press, 1956).

Roswell S. Britton, *The Chinese Periodical Press (1800-1912)* (Kelly & Walsh Limited, 1933).

Schudson 撰，何怡穎譯：《探索新聞：美國報業社會史》（臺北市：遠流出版社，1993年）。

T.F.卡特撰，吳澤炎譯：《中國印刷術的發明和它的西傳》（北京市：商務印書館，1991年）。

Tony Schwartzs 撰，蒯亮編譯：《傳播媒介──第二位元上帝》（臺北市：國立政治大學新聞研究所，1985年）。

W.J.T.蜜雪兒撰，陳永國、胡文徵譯：《圖像理論》（北京市：北京大學出版社，2006年）。

阿夫納・格雷夫撰，鄭江淮等譯：《大裂變：中世紀貿易制度比較和西方的興起》（北京市：中信出版社，2008年）。

阿蘭・圖海納撰，狄玉明、李平漚譯：《我們能否共同生存？》（北京市：商務印書館，2003年）。

阿諾德・湯因比撰，劉北成、郭小淩譯：《歷史研究》（上海市：上海人民出版社，2000年）。

埃弗雷特・M・羅傑斯撰，辛欣譯：《創新的擴散》（北京市：中央編譯出版社，2002年第4版）。

埃里克・麥克盧漢、弗蘭克・秦格龍撰，何道寬譯：《麥克盧漢精粹》（南京市：南京大學出版社，2000年）。

埃米爾・涂爾幹撰，渠敬東譯：《社會分工論》（北京市：生活・讀書・新知三聯書店，2000年）。

安東尼・奧羅姆撰，張華清等譯：《政治社會學導論》（上海市：上海人民出版社，2006年第4版）。

安東尼・吉登斯撰，郭忠華譯：《批判的社會學導論》（上海市：上海譯文出版社，2007年）。

安東尼・吉登斯撰，李康、李猛譯：《社會的構成：結構化理論大綱》（北京市：生活・讀書・新知三聯書店，1998年）。

安東尼・吉登斯撰，田祐中、劉江濤譯：《社會學方法的新規則》（北京市：社會科學文獻出版社，2003年）。

白壽彝：《中國交通史》（北京市：團結出版社，2007年插圖珍藏本）。

包天笑：《釧影樓回憶錄》（香港：大華出版社，1971年）。

本尼迪克特・安德森撰，吳叡人譯：《想像的共同體——民族主義的起源與散佈》（上海市：上海人民出版社，2005年）。

伯納德・巴伯撰，顧昕等譯：《科學與社會秩序》（北京市：生活・讀書・新知三聯書店，1992年）。

倉理新：《書籍傳播與社會發展》（北京市：首都師範大學出版社，2007年）。

曾小華：《文化・制度與社會變革》（北京市：中國經濟出版社，2004年）。

常立農：《技術哲學》（長沙市：湖南大學出版社，2003年）。

陳昌鳳：《中國新聞傳播史——媒介社會學的視角》（北京市：北京大學出版社，2007年）。

陳慶德：《資源配置與制度變遷》（昆明市：雲南大學出版社，2001年）。

陳堂發：《新聞媒體與微觀政治》（上海市：復旦大學出版社，2008年）。

陳衛星：《傳播的觀念》（北京市：人民出版社，2004年）。

陳旭麓：《近代中國社會的新陳代謝》（上海市：上海人民出版社，1992年）。

陳永森：《告別臣民的嘗試——清末民初的公民意識與公民行為》（北京市：中國人民大學出版社，2004年）。

程予誠：《新媒介科技論》（蘇州市：蘇州大學出版社，2005年）。

大衛・阿什德撰，邵志擇譯：《傳播生態學》（北京市：華夏出版社，2003年）。

大衛・巴勒特撰，趙伯英、孟春譯：《媒介社會學》（北京市：社會科學文獻出版社，1989年）。

戴元光、金冠軍：《傳播學通論》（上海市：上海交通大學出版社，2000年）。

戴元光：《傳播道德論》（上海市：上海大學出版社，2000年）。

戴元光：《戴元光自選集》（上海市：復旦大學出版社，2004年）。

丹尼爾・W・布羅姆利撰，陳郁等譯：《經濟利益與經濟制度——公共政策的理論基礎（上海市：上海三聯書店／上海人民出版社，1996。

丹尼爾・傑・切特羅姆撰，曹靜生、黃艾禾譯：《傳播媒介與美國人的思想——從莫爾斯到麥克盧漢》（北京市：中國廣播電視出版社，1991年）。

鄧尼斯・古萊特撰，邢立志譯：《靠不住的承諾——技術遷移中的價值衝突》（北京市：社會科學文獻出版社，2004年）。

鄧尼斯・麥奎爾、斯文・溫德爾撰，祝建華、武偉譯：《大眾傳播模式論》（上海市：上海譯文出版社，1987年）。

鄧尼斯・麥奎爾撰，崔保國、李琨譯：《麥奎爾大眾傳播理論》（北京市：清華大學出版社，2006年）。

道格拉斯・C・諾思撰，陳郁等譯：《經濟史中的結構與變遷》（上海市：上海三聯書店／上海人民出版社，1997年）。

道格拉斯・C・諾思撰，杭行譯：《制度、制度變遷與經濟績效》（上海市：格致出版社／上海人民出版社，2008年）。

道格拉斯・C・諾斯撰，劉守英譯：《制度、制度變遷與經濟績效》（上海市：上海三聯書店，1994年）。

丁淦林：《中國新聞事業史》（北京市：高等教育出版社，2002年）。

丁和根：《中國傳媒制度績效研究》（廣州：南方日報出版社，2007年）。

丁賢勇：《新式交通與社會變遷》（北京市：中國社會科學出版社，2007年）。

董叢林：《晚清社會傳聞研究》（北京市：人民出版社，2007年）。

杜贊奇撰，王憲明等譯：《從民族國家拯救歷史：民族主義話語與中國現代史研究》（南京市：江蘇人民出版社，2009年）。

杜贊奇撰，王福明譯：《文化、權力與國家——1900-1942年的華北農村》（南京市：江蘇人民出版社，2010年）。

凡勃倫撰，蔡受百譯：《有閒階級論》（北京市：商務印書館，1964年）。

方漢奇、史媛媛：《中國新聞事業圖史》（福州市：福建人民出版社，2006年）。

方漢奇：《中國新聞事業通史》（北京市：中國人民大學出版社，2000年），卷1。

方平：《晚清上海的公共領域（1895-1911）》（上海市：上海人民出版社，2007年）。

方曉紅：《中國新聞史》（南京市：南京師範大學出版社，2004年）。

斐迪南・滕尼斯撰，林榮遠譯：《共同體與社會：純粹社會學的基本概念》（北京市：商務印書館，1999年）。

費夫賀，瑪律坦撰，李鴻志譯：《印刷書的誕生》（桂林市：廣西師範大學出版社，2006年）。

費正清等撰，中國社科院歷史研究所編譯室譯：《劍橋中國晚清史（1800-1911）》（北京市：中國社會科學出版社，1985年）。

馮桂芬：《校邠廬抗議》（上海市：上海書店出版社，2002年）。

弗里德里希・馮・哈耶克撰，鄧正來譯：《自由秩序原理》（北京市：生活・讀書・新知三聯書店，1997年）。

弗里德里希・沃特金斯撰，黃輝、楊健譯：《西方政治傳統──現代自由主義發展研究》（長春市：吉林人民出版社，2001年）。

傅大友、袁勇志、芮國強：《行政改革與制度創新》（上海市：上海三聯書店，2004年）。

干春松：《制度化儒家及其解體》（北京市：中國人民大學出版社，2003年）。

高亮華：《人文主義視野中的技術》（北京市：中國社會科學出版社，1996年）。

高旺：《晚清中國的政治轉型：以清末憲政改革為中心》（北京市：中國社會科學出版社，2003年）。

戈公振：《中國報學史》（北京市：生活・讀書・新知三聯書店，1955年）。

格雷姆・伯頓撰，史安斌主譯：《媒體與社會：批判的視角》（北京市：清華大學出版社，2007年）。

格魯內爾撰，隗仁蓮譯：《歷史哲學：批判的論文》（桂林市：廣西師範大學出版社，2003年）。

葛兆光：《中國思想史》（上海市：復旦大學出版社，2001年三卷本）。

葛兆光：《思想史研究課堂講錄》（北京市：生活・讀書・新知三聯書店，2005年）。

史革新：《中國社會通史・晚清卷》（太原市：山西教育出版社，1996年）。

郭慶光：《傳播學教程》（北京市：中國人民大學出版社，1999年）。

郭嵩燾：《倫敦與巴黎日記》（長沙市：嶽麓書社，1984年）。

哈樂德・伊尼斯撰，何道寬譯：《傳播的偏向》（北京市：中國人民大學出版社，2003年）。

哈樂德・伊尼斯撰，何道寬譯：《傳播與帝國》（北京市：中國人民大學出版社，2003年）。

郝樸寧、陳路、李麗芳、羅文：《中國傳播史論》（昆明市：雲南大學出版社，2005年）。

何明星：《著述與宗族——清人文集編刻方式的社會學考察》（北京市：中華書局，2007年）。

赫伯特・阿特休爾撰，黃煜、裘志康譯：《權力的媒介》（北京市：華夏出版社，1989年）。

赫伯特・席勒撰，劉曉紅譯：《大眾傳播與美利堅帝國》（上海市：上海譯文出版社，2006年）。

胡大澤：《美國的中國近現代史研究》（北京市：中國社會科學出版社，2006年）。

黃瑚：《中國近代新聞法制史論》（上海市：復旦大學出版社，1999年）。

黃瑚:《中國新聞事業發展史》（上海市：復旦大學出版社，2001年）。

黃金麟:《歷史、身體、國家：近代中國的身體形成（1895-1937）》
　　　　（北京市：新星出版社，2006年）。

黃宗智:《小農經濟與社會變遷》（北京市：中華書局，1986年）。

黃宗智:《中國研究的範式問題討論》（北京市：社會科學文獻出版
　　　　社，2003年）。

霍華德・裘伯撰，昝廷全等譯:《傳媒政策與實務》（北京市：中國傳
　　　　媒大學出版社，2006年）。

加布里埃爾・A・阿爾蒙德、G. 賓厄姆・鮑威爾撰，曹沛霖等譯：
　　　　《比較政治學：體系、過程和政策》（上海市：上海譯文出
　　　　版社，1987年）。

加布里埃爾・塔爾德撰，何道寬譯:《傳播與社會影響》（北京市：中
　　　　國人民大學出版社，2005年）。

賈植芳:《近代中國經濟社會》（瀋陽市：遼寧教育出版社，2003
　　　　年）。

姜希河:《中國郵政簡史》（北京市：商務印書館，1999年）。

傑佛瑞・C・亞歷山大撰，彭牧等譯:《新功能主義及其後》（南京
　　　　市：譯林出版社，2003年）。

金觀濤，劉青峰:《觀念史研究》（北京市：法律出版社，2010年）。

金梁:《光宣小記》（上海市：上海書店出版社，1998年）。

康無為:《讀史偶得：學術演講三篇》（臺北市：中央研究院近代史研
　　　　究所，1993年）。

康有為:《康有為政論集》（北京市：中華書局，1981年）。

柯克・詹森撰，展明輝等譯:《電視與鄉村社會變遷》（北京市：中國
　　　　人民大學出版社，2005年）。

柯武剛、史漫飛撰，韓朝華譯:《制度經濟學：社會秩序與公共政策》
　　　　（北京市：商務印書館，2000年）。

匡導球：《中國出版技術的歷史變遷》（長沙市：湖南人民出版社，2009年）。

來新夏等：《中國近代圖書事業史》（上海市：上海人民出版社，2000年）。

蘭斯‧班尼特撰，楊曉紅、王家全譯：《新聞：政治的幻象》（北京市：當代中國出版社，2005年）。

郎勁松：《中國新聞政策體系研究》（北京市：新華出版社，2003年）。

李寶臣：《文化衝撞中的制度慣性》（北京市：中國城市出版社，2002年）。

李彬：《中國新聞社會史（1815-2005）》（上海市：上海交通大學出版社，2007年）。

李宏、李民等：《傳媒政治》（北京市：中國傳媒大學出版社，2006年）。

李鴻章：《李鴻章全集‧奏稿》（海口市：海南出版社，1997年）。

李華興等：《梁啟超選集》（上海市：上海人民出版社，1984年）。

李良榮：《中國報紙文體發展概要》（福州市：福建人民出版社，1985年）。

李龍牧：《中國新聞事業史稿》（上海市：上海人民出版社，1985年）。

李楠：《晚清民國時期上海小報》（北京市：人民文學出版社，2006年插圖本）。

李瑞良：《中國古代圖書流通史》（上海市：上海人民出版社，2000年）。

李孝悌：《清末的下層社會啟蒙運動：1901-1911》（石家莊：河北教育出版社，2001年）。

李秀雲：《中國新聞學術史（1834-1949）》（北京市：新華出版社，2004年）。

李長莉：《晚清上海社會的變遷》（天津市：天津人民出版社，2002年）。

梁家祿等：《中國新聞業史（古代至一九四九）》（南寧市：廣西人民出版社，1984年）。

林毅夫：《制度、技術與中國農業發展》（上海市：上海三聯書店／上海人民出版社，2005年）。

林則徐全集編輯委員會：《林則徐全集》（福州市：海峽文藝出版社，2002年）。

劉家林：《中國新聞通史》（武漢市：武漢大學出版社，2005年修訂版）。

劉青峰：《讓科學的光芒照亮自己》（北京市：新星出版社，2006年）。

劉文海：《技術的政治價值》（北京市：人民出版社，1996年）。

劉文鵬：《清代驛傳及其與疆域形成關係之研究》（北京市：中國人民大學出版社，2004年）。

羅伯特・K・默頓撰，唐少傑、齊心等譯：《社會理論和社會結構》（南京市：譯林出版社，2006年）。

羅伯特・K・默頓撰，范岱年、吳忠、蔣效東譯：《十七世紀英格蘭的科學、技術與社會》（北京市：商務印書館，2002年）。

羅榮渠：《現代化新論：世界與中國的現代化進程》（北京市：商務印書館，2004年增訂版）。

閭小波：《中國早期現代化中的傳播媒介》（上海市：上海三聯書店，1995年）。

呂思勉：《呂思勉遺文集》（上海市：華東師範大學出版社，1995年），上冊。

馬光仁：《中國近代新聞法制史》（上海市：上海社會科學院出版社，2007年）。

馬光仁：《上海新聞史（1850-1949）》（上海市：復旦大學出版社，1996年）。

馬克‧布洛赫撰，張和聲、程郁譯：《為歷史學辯護》（北京市：中國人民大學出版社，2006年）。

馬克斯‧H‧布瓦索撰，王寅通譯：《信息空間——認識組織、制度和文化的一種框架》（上海市：上海譯文出版社，2000年）。

馬克斯‧韋伯撰，韓水法、莫茜譯：《社會科學方法論》（北京市：中央編譯出版社，2002年）。

馬士撰，張匯文等譯：《中華帝國對外關係史》（北京市：商務印書館，1960年），卷3。

邁克爾‧埃默里、愛德溫‧埃默里、南茜‧L‧羅伯茨撰，展江譯：《美國新聞史：大眾傳播媒介解釋史》（北京市：新華出版社，2001年第九版）。

邁克爾‧哈特撰，蘇世軍、周宇譯：《歷史上最有影響的100人》（武漢市：湖北教育出版社，198年）。

蜜雪兒‧福柯撰，謝強、馬月譯：《知識考古學》（北京市：生活‧讀書‧新知三聯書店，1998年）。

閔大洪：《傳播科技縱橫》（北京市：警官教育出版社，1998年）。

尼古拉斯‧加漢姆撰，李嵐譯：《解放‧傳媒‧現代性》（北京市：新華出版社，2005年）。

尼克‧史蒂文生撰，王文斌譯：《認識媒介文化》（北京市：商務印書館，2001年）。

歐陽健：《晚清小說史》（杭州市：浙江古籍出版社，1997年）。

派特里斯‧費裏奇撰，劉大明譯：《現代信息交流史》（北京市：中國人民大學出版社，2008年）。

潘偉傑：《制度、制度變遷與政府規制研究》（上海市：上海三聯書店，2005年）。

龐樸：《文化的民族性與時代性》（北京市：中國和平出版社，1988年）。

皮埃爾・布林迪厄撰，劉成富、張豔譯：《科學的社會用途》（南京市：南京大學出版社，2005年）。

皮埃爾・布林迪厄等撰，許鈞譯：《關於電視》（瀋陽市：遼寧教育出版社，2000年）。

皮埃爾・布林迪厄等撰，包亞明譯：《文化資本與社會煉金術——布林迪厄訪談錄》（上海市：上海人民出版社，1997年）。

秦暉：《農民中國：歷史反思與現實選擇》（鄭州市：河南人民出版社，2003年）。

秦紹德：《上海近代報刊史論》（上海市：復旦大學出版社，1993年）。

秦英君：《科學乎人文乎：中國近代以來文化取嚮之兩難》（開封市：河南大學出版社，2005年）。

青木昌彥撰，周黎安譯：《比較制度分析》（上海市：上海遠東出版社，2001年）。

讓・拉特利爾撰，呂乃基等譯：《科學和技術對文化的挑戰》（北京市：商務印書館，1997年）。

讓・諾埃爾・讓納內撰，段慧敏譯：《西方媒介史》（桂林市：廣西師範大學出版社，2005年）。

芮瑪麗撰，房德鄰等譯：《同治中興：中國保守主義的最後抵抗（1862-1874）》（北京市：中國社會科學出版社，2002年）。

塞倫・麥克萊撰，曾靜平譯：《傳媒社會學》（北京市：中國傳媒大學出版社，2005年）。

桑兵：《晚清學堂學生與社會變遷》（上海市：學林出版社，1995年）。

上海圖書館：《汪康年師友書劄》（上海市：上海古籍出版社，1986年）。

史蒂文·瓦戈撰，王曉黎等譯：《社會變遷》（北京市：北京大學出版社，2007年第5版）。

斯坦利·J·巴倫：《大眾傳播概論：媒介認知與文化》（劉鴻英，譯·北京市：中國人民大學出版社，2005年第3版）。

蘇全有：《清末郵傳部研究》（北京市：中華書局，2005年）。

蘇鎮：《編輯出版系統論》（北京市：首都師範大學出版社，1993年）。

孫寶瑄：《忘山廬日記》（上海市：上海古籍出版社，1983年）。

孫藜：《晚清電報及其傳播觀念（1860-1911）》（上海市：上海書店出版社，2007年）。

孫隆基：《中國文化的「深層結構」》（香港：集賢社，1985年）。

唐力行：《商人與中國近世社會》（北京市：商務印書館，2003年）。

陶鶴山：《市民群體與制度創新——對中國現代化主體的研究》（南京市：南京大學出版社，2001年）。

陶菊隱：《政海軼聞》（上海市：上海書店出版社，1998年）。

田啟波：《吉登斯現代社會變遷思想研究》（北京市：人民出版社，2007年）。

汪丁丁：《經濟發展與制度創新》（上海市：上海人民出版社，1995年）。

汪丁丁：《自由與秩序——中國學者的觀點》（北京市：中國社會科學出版社，2002年）。

汪林茂：《晚清文化史》（北京市：人民出版社，2005年）。

汪榮祖：《從傳統中求變——晚清思想史研究》（南昌市：百花洲文藝出版社，2002年）。

王爾敏：《中國近代思想史論》（北京市：社會科學文獻出版社，2003年）。

王爾敏:《中國近代思想史論續集》（北京市:社會科學文獻出版社,
　　　　2005年）。

王國斌撰,李伯重、連玲玲譯:《轉變的中國:歷史變遷與歐洲經驗
　　　　的局限》（南京市:江蘇人民出版社,2005年）。

王海傳:《人的發展的制度安排》（武漢市:華中師範大學出版社,
　　　　2007年）。

王建輝:《出版與近代文明》（開封市:河南大學出版社,2006年）。

王林:《西學與變法——《萬國公報》研究》（濟南市:齊魯書社,
　　　　2004年）。

王綠萍:《四川近代新聞史》（成都市:四川大學出版社,2007年）。

王文利:《近現代新聞圖像研究》（長沙市:湖南教育出版社,2007
　　　　年）。

王燕:《晚清小說期刊史論》（長春市:吉林人民出版社,2002年）。

威廉・費爾丁・奧格本撰,王曉毅、陳育國譯:《社會變遷——關於
　　　　文化和先天的本質》（杭州市:浙江人民出版社,1989年）。

威廉・麥克高希撰,董建中、王大慶譯:《世界文明史》（北京市:新
　　　　華出版社,2003年）。

韋爾伯・施拉姆撰,金燕寧等譯:《大眾傳播媒介與社會發展》（北京
　　　　市:華夏出版社,1990年）。

韋森:《文化與製序》（上海市:上海人民出版社,2003年）。

文森特・莫斯可撰,胡正榮等譯:《傳播:在政治和經濟的張力下》
　　　　（北京市:華夏出版社,2000年）。

吳帆:《集體理性下的個體社會行為模式分析》（北京市:經濟科學出
　　　　版社,2007年）。

吳飛、王學成:《傳媒・文化・社會》（濟南市:山東人民出版社,
　　　　2006年）。

吳廷俊：《科技發展與傳播革命》（武漢市：華中科技大學出版社，2001年）。

夏曉虹：《晚清社會與文化》（武漢市：湖北教育出版社，2001年）。

項翔：《近代西歐印刷媒介研究》（上海市：華東師範大學出版社，2001年）。

肖燕雄：《微觀新聞制度論》（北京市：中國傳媒大學出版社，2008年）。

小摩裏斯・N・李克特撰，顧昕、張小天譯：《科學是一種文化過程》（北京市：生活・讀書・新知三聯書店，1998年）。

謝・弗蘭克撰，王永譯：《社會的精神基礎》（北京市：生活・讀書・新知三聯書店，2003年）。

謝和耐撰，耿昇譯：《中國社會史》（南京市：江蘇人民出版社，2005年）。

謝俊美：《政治制度與近代中國》（上海市：上海人民出版社，2000年）。

辛鳴：《制度論：關於制度哲學的理論建構》（北京市：人民出版社，2005年）。

邢懷濱：《社會建構論的技術觀》（瀋陽市：東北大學出版社，2005年）。

熊月之、張敏：《上海通史（第6卷）：晚清文化》（上海市：上海人民出版社，1999年）。

熊月之：《西學東漸與晚清社會》（上海市：上海人民出版社，1994年）。

徐登明：《編輯出版家葉聖陶》（北京市：中國書籍出版社，1994年）。

徐復觀：《中國學術精神》（上海市：華東師範大學出版社，2004年）。

徐培汀：《中國傳播思想史（近代卷）》（上海市：上海交通大學出版社，2005年）。

徐琴媛：《中外新聞發佈制度比較》（北京市：中國傳媒大學出版社，2005年）。

徐松榮：《維新派與近代報刊》（太原市：山西古籍出版社，1998年）。

許正林：《歐洲傳播思想史》（上海市：上海三聯書店，2005年）。

許正林：《中國新聞史》（上海市：上海交通大學出版社，2008年）。

薛君度、劉志琴：《近代中國社會生活與觀念變遷》（北京市：中國社會科學出版社，2001年）。

亞當・斯密撰，郭大力、王亞南譯：《國民財富的性質和原因的研究》（北京市：商務印書館，1997年）。

楊光斌：《制度的形式與國家的興衰》（北京市：北京大學出版社，2005年）。

楊光輝等：《中國近代報刊發展概況》（北京市：新華出版社，1986年）。

楊師群：《中國新聞傳播史》（北京市：北京大學出版社，2007年）。

楊幼炯／瞿同祖：《近代中國立法史／中國法律與中國社會》（北京市：商務印書館，1936年）。

葉啟政：《期待黎明：傳統與現代的搓揉》（上海市：上海人民出版社，2005年）。

葉樹聲、余敏輝：《明清江南私人刻書史略》（合肥市：安徽大學出版社，2000年）。

葉至善、葉至美、葉至誠編選：《葉聖陶集》（南京市：江蘇教育出版社，1988年）。

伊莉莎白・愛森斯坦撰，何道寬譯：《作為變革動因的印刷機》（北京市：北京大學出版社，2010年）。

伊錫爾・德・索拉・普爾撰，鄧天穎譯：《電話的社會影響》（北京市：中國人民大學出版社，2008年）。

尹保雲：《什麼是現代化——概念與範式的探討》（北京市：人民出版社，2001年）。

尹鐵：《晚清鐵路與晚清社會變遷研究》（北京市：經濟科學出版社，2005年）。

尤爾根・哈貝馬斯撰，曹衛東等譯：《公共領域的結構轉型》（上海市：學林出版社，1999年）。

尤爾根・哈貝馬斯撰，童世駿譯：《在事實與規範之間：關於法律和民主法治國的商談理論》（北京市：生活・讀書・新知三聯書店，2003年）。

於翠玲：《傳統媒介與典籍文化》（北京市：中國傳媒大學出版社，2006年）。

袁軍：《新聞媒介通論》（北京市：北京廣播學院出版社，2000年）。

袁慶明：《技術創新的制度結構分析》（北京市：經濟管理出版社，2003年）。

袁偉時：《帝國落日：晚清大變局》（南昌市：江西人民出版社，2003年）。

約翰・彼得斯撰，何道寬譯：《交流的無奈：傳播思想史》（北京市：華夏出版社，2003年）。

約書亞・梅羅維茨撰，肖志軍譯：《消失的地域：電子媒介對社會行為的影響》（北京市：清華大學出版社，2002年）。

詹姆斯・W・凱瑞撰，丁未譯：《作為文化的傳播》（北京市：華夏出版社，2005年）。

詹姆斯・馬奇、馬丁・舒爾茨、周雪光：《規則的動態演變：成文組織規則的變化》（上海市：上海人民出版社，2005年）。

張博樹：《現代性與制度現代化》（上海市：學林出版社，1998年）。

章開沅等：《中國近代史上的官紳商學》（武漢市：湖北人民出版社，2000年）。

張樹棟、龐多益、鄭如斯等：《中華印刷通史》（臺北市：財團法人印刷傳播興才文教基金會，2004年）。

張詠華：《媒介分析：傳播技術神話的解讀》（上海市：復旦大學出版社，2002年）。

張宇燕：《經濟發展與制度選擇》（北京市：中國人民大學出版社，1992年）。

張育仁：《自由的歷險——中國自由主義新聞思想史》（昆明市：雲南人民出版社，2002年）。

張召奎：《中國出版史概要》（太原市：山西人民出版社，1985年）。

張仲民：《出版與文化政治：晚清的「衛生」書籍研究》（上海市：上海書店出版社，2009年）。

趙冬：《近代科學與中國本土實踐》（北京市：社會科學文獻出版社，2007年）。

趙汀陽：《沒有世界觀的世界》（北京市：中國人民大學出版社，2005年第二版）。

趙旭東：《反思本土文化建構》（北京市：北京大學出版社，2003年）。

鄭大華：《晚清思想史》（長沙市：湖南師範大學出版社，2005年）。

鄭觀應：《鄭觀應集》（上海市：上海人民出版社，1982年）。

鄭涵、金冠軍：《當代西方傳媒制度》（上海市：上海交通大學出版社，2008年）。

支庭榮、邱一江：《外國新聞傳播史》（廣州市：暨南大學出版社，2004年）。

中華書局編輯部：《魏源集》（北京市：中華書局，1983年）。

周佳榮：《蘇報及蘇報案》（上海市：上海社會科學院出版社，2005
　　年）。

周良霄：《皇帝與皇權》（上海市：上海古籍出版社，1999年）。

周曉虹：《中國社會與中國研究》（北京市：社會科學文獻出版社，
　　2004年）。

朱從兵：《李鴻章與中國鐵路》（北京市：群言出版社，2006年）。

朱國華：《權力的文化邏輯》（上海市：上海三聯書店，2004年）。

朱勇：《中國法制通史》（北京市：法律出版社，1999年），卷9。

鄒讜：《二十世紀中國政治──從宏觀歷史和微觀行動的角度看》（香
　　港：牛津大學出版社，1994年）。

佐藤卓己撰，諸葛蔚東譯：《現代傳媒史》（北京市：北京大學出版
　　社，2004年）。

二　論文部分

Clifford Geertz, "Culture and Social Change: The Indonesian Case. Man,"
　　New Series, 19.4 (Dec.1984): 511-532.

Graham Murdock, "Communications and the constitution of modernity,"
　　Media, Culture & Society, 15.4 (1993): 521-539.

R.威廉斯撰，陳越、趙文譯：〈電視：技術與文化形式（二）〉,《世界
　　電影》2000年第3期。

R.威廉斯撰，陳越、趙文譯：〈電視：技術與文化形式（三）（續
　　完）〉,《世界電影》2000年第6期。

R.威廉斯撰，陳越譯：〈電視：技術與文化形式（三）〉,《世界電影》
　　2000年第5期。

R.威廉斯撰，陳越譯：〈電視：技術與文化形式（一）〉,《世界電影》
　　2000年第2期。

Robert T. Craig, "Communication Theory as a Field," *Communication Theory* 5 (1999): 119-161.

Thomas A. Koelble, "The New Institutionalism in Political Science and Sociology," *Comparative Politics* 2 (1995).

白磊:〈對媒介技術的傳播學淺析〉,《大眾科技》2006年第8期。

卞冬磊、張稀穎:〈媒介時間的來臨——對傳播媒介塑造的時間觀念之起源、形成與特徵的研究〉,《新聞與傳播研究》2006年第1期。

布裏恩・溫斯頓:〈技術發展的原因及其對傳播內容的影響〉,《新聞大學》2001年冬季號。

曹正漢:〈將社會價值觀整合到制度變遷理論之中的三種方法〉,《經濟科學》2001年第6期。

陳創生:〈論制度及其社會意義〉,《現代哲學》2001年第3期。

陳春光、郭琳:〈制度變遷與技術變遷雙向互動〉,《社會科學》1996年第10期。

陳峰:〈制度變遷與技術創新的辯證分析與實證考察〉,《福建師範大學學報》(哲社版)2003年第4期。

陳福初:〈《大清著作權律》的立法背景及歷史意義〉,《江漢大學學報》(社科版)2008年第3期。

陳力丹:〈試看傳播媒介如何影響社會結構——從古登堡到「第五媒體」〉,《國際新聞界》2004年第6期。

陳平原:〈左圖右史與西學東漸〉,《書城》2008年第8期。

陳陽鳳:〈中國出版現代化進程探析〉,《湖北大學學報》(哲學社會科學版)2002年第4期。

陳志強:〈編輯中心制與現代管理制度的博弈〉,《新聞界》2007年第6期。

成慶：〈思想史該如何書寫？〉，《二十一世紀》（網路版）2005年第1
　　期。

楚永生、楊春霞：〈創新、經濟增長與制度變遷〉，《聊城大學學報》
　　（社科版）2003年第5期。

崔希福：〈制度與社會發展〉，《學術交流》2006年第3期。

戴念祖：〈鄒伯奇的攝影地圖和玻板攝影術〉，《中國科技史料》2000
　　年第2期。

戴元光，尤遊：〈媒介角色研究的社會學分析〉，《上海大學學報》（社
　　科版）2007年第6期。

單波：〈救國的味道：中國早期白話報的文脈〉，《新東方》2003年第
　　Z1期。

丁未：〈電報的故事——詹姆斯·凱瑞《作為文化的傳播》札記〉，
　　《新聞記者》2006年第3期。

董春曉：《從畫筆到照相機：媒介技術對圖像特性的影響〉，《美術觀
　　察》2006年第8期。

董貴成：〈《湘報》與科學技術的傳播〉，《科學技術與辯證法》2005年
　　第1期。

董智穎：〈簡論中國出版近代化對晚清小說出版的影響〉，《中共福建
　　省委黨校學報》2008年第2期。

範世濤：《技術創新的制度分析》（南京市：南京農業大學博士學位論
　　文，2001年）。

方漢奇：〈《清史》〈報刊表〉中有關古代報紙的幾個問題〉，《歷史檔
　　案》2007年第2期。

方平：〈清末上海民辦報刊的興起與公共領域的體制建構〉，《華東師
　　範大學學報》（哲社版）2001年第2期。

傅懷鋒：〈試析清末民眾的政治參與〉，《二十一世紀》（網路版）2004
　　年第2期。

高煒：〈新聞傳播失範與制度〉,《內蒙古大學學報》(人文社科版)
　　　2002年第5期。

葛濤：〈照相與清末民初上海社會生活〉,《史林》2003年第4期。

葛兆光：〈1895年的中國：思想史上的象徵意義〉,《開放時代》2001
　　　年第1期。

葛兆光：〈近代、學術、名著以及中國〉,《讀書》1999年第4期。

龔新瓊：〈傳播技術與社會變遷的歷史考察：一種社會文化的視角〉,
　　　《淮北煤炭師範學院學報》(哲社版)2008年第1期。

韓強：〈傳播體制選擇與經濟機制效率(上)〉,《當代傳播》1997年第
　　　2期。

郝鳳霞、陳忠：〈論技術與社會之間的張力〉,《中國科技論壇》2004
　　　年第6期。

何宏：〈產業革命制度經濟學思考〉,《合作經濟與科技》2006年第8
　　　期。

胡甲剛：〈利益、利益集團與憲政制度非中性〉,《人文雜誌》2006年
　　　第6期。

華錦陽、許慶瑞、金雪軍：〈制度決定抑或技術決定〉,《經濟學家》
　　　2002年第3期。

淮茗：〈體制內的革命〉,《二十一世紀》(網路版)2003年第8期。

黃旦：〈報刊的歷史與歷史的報刊〉,《新聞大學》2007年第1期。

黃旦：〈由功能主義向建構主義轉化〉,《新聞大學》2008年第2期。

黃鶴、李仕明、蘭永：〈論制度變遷的實質〉,《經濟體制改革》2001
　　　年第4期。

黃瑚、範書傑：〈新發現的歐洲第一份華文報刊《飛龍報篇》考〉,
　　　《新聞大學》2004春季號。

黃繼光：〈中國近代電報與「裁驛設郵」〉,《集郵博覽》2004年第8
　　　期。

黃錫景：〈西藏的第一份報紙〉，《新聞愛好者》2007年第11期，上半月。

江怡：〈制度變遷理論對中國現代化路徑選擇的啟示〉，《江漢論壇》2002年第12期。

蔣寶林：〈我國第一條向公眾開放的電報電路——津滬電報線〉，《上海檔案》1993年第1期。

雷啟立：《印刷現代性與中國現代文學的發生》（上海市：華東師範大學博士學位論文，2008年）。

雷頤：〈晚清電報和鐵路的性質之爭〉，《炎黃春秋》2007年第10期。

李彬：〈從傳播史到新聞史——唐代的新聞傳播及其歷史意義〉，《新聞與傳播研究》1998年第1期。

李宏宇：〈政治權力對新聞傳播事業的影響〉，《重慶教育學院學報》2006年第5期。

李明山：〈《大清著作權律》是「沒來得及實施」的法律嗎？〉，《中國出版》1998年第4期。

李明山：〈北洋官報局盜版與晚清版權律的制定〉，《南通師範學院學報》（哲社版）2001年第3期。

李慶林：〈傳播技術塑造文化形態——一種傳播學的視野〉，《經濟與社會發展》2005年第7期。

李三虎，趙萬里：〈社會建構論與技術哲學〉，《自然辯證法研究》2000年第9期。

李少波：《黑體字研究》（北京市：中央美術學院博士學位論文，2008年）。

李斯頤：〈清末報律再探——兼評幾種觀點〉，《新聞與傳播研究》1995年第1期。

李豔華：〈傳媒制度選擇的經濟學分析〉，《國際新聞界》2008年第3期。

李雨峰：〈版權的中國語境——一種歷史的考察〉，《西南民族大學學報》（人文社科版）2004年第3期。

李玉虹，馬勇：〈互動：技術創新與制度創新關係的理論比較〉，《經濟學家》2001年第1期。

李瞻：〈報業與政治制度關聯性問題論綱〉，《中國傳媒報告》2008年第3期。

連英祺，楊宏偉：〈經濟史中的技術與社會變遷〉，《財經問題研究》2000年第11期。

林崗，劉元春，張宇：〈諾斯與馬克思：關於社會發展和制度變遷動力的比較〉，《中國人民大學學報》2000年第3期。

林紅玲：〈西方制度變遷理論述評〉，《社會科學輯刊》2001年第1期。

劉宏：〈傳播的場所〉，《青年記者》2006年第19期。

劉世錦：〈制度變遷與意識形態〉，《二十一世紀》（網路版）2003年第5期。

劉興民：〈「晚清」的含義及意義〉，《廣西社會科學》2005年第6期。

劉永文：《晚晴報刊小說研究》（上海市：上海師範大學博士學位論文，2004年）。

劉元滿：〈近代活字印刷在東方的傳播與發展〉，《北京大學學報》（哲社版）2000年第3期。

劉增合：〈媒介形態與晚清公共領域研究的拓展〉，《近代史研究》2000年第2期。

陸江兵：〈中立的技術及其在制度下的價值偏向〉，《科學技術與辯證法》2000年第5期。

陸俊元：〈論地緣政治中的技術因素〉，《國際關係學院學報》2005年第6期。

羅賓・威廉姆斯：〈技術研究與技術的社會形成觀〉，《科學對社會的影響》2003年第1期。

馬傑，馬珺：〈制度變遷與社會變遷〉，《經濟學動態》1996年第9期。

梅瓊林：〈傳播技術理論的現代歷程及其文化反思〉，《東南大學學報》（哲社版）2006年第4期。

閔大洪：〈對傳播技術的發展和作用多寫幾筆──新聞史研究中的一點思考〉，《新聞與傳播研究》1994年第1期。

莫楊：《中國技術創新進程中正式與非正式制度良性互動機理研究》（杭州市：浙江大學碩士學位論文，2001年。

南振興：〈中國歷史技術演變與知識產品制度變遷的績效〉，《河北經貿大學學報》2007年第1）。

潘祥輝：〈論媒介技術演化和媒介制度變遷的內在關聯〉，《北京理工大學學報》（社會科學版）2010年第1期。

潘忠黨：〈新聞改革與新聞體制的改造〉，《新聞與傳播研究》1997年第3期。

裴丹青：〈《點石齋畫報》和中國傳媒的近代化〉，《安陽師範學院學報》2005年第3期。

彭攀：〈技術變遷與制度變遷雙向互動的自組織模型〉，《系統辯證學學報》2004年第2期。

彭小瑜：〈微觀歷史研究的理論意義〉，《歷史研究》2004年第4期。

齊愛軍：〈新聞文體發展演變的動力機制探討〉，《新聞界》2006年第4期。

青木昌彥：〈什麼是制度？我們如何理解制度？〉，《經濟社會體制比較》2000年第6期。

清颺：〈媒介技術的發展與宋代出版傳播方式的變革〉，《浙江大學學報》（人文社科版）2001年第5期。

屈永華：〈憲政視野中的清末報刊與報律〉，《法學評論》2004年第4期。

桑兵：〈清末民初傳播業的民間化與社會變遷〉，《近代史研究》1991年第6期。

申重實：〈《儒林外史》刊刻、傳播說略〉，《中國古代小說戲劇研究叢刊》2007年第5期。

沈小白、羅賓‧威廉姆斯：〈技術的社會形成觀其對中國現代化的挑戰〉，《科學對社會的影響》2003年第1期。

石鷗、吳小鷗：〈中國第一套國家統編教科書——學部圖書編譯局《國文教科書》分析〉，《湖南教育》2008年第5期。

石鷗：〈我國最早的白話教科書——彪蒙書室出版的教科書〉，《書屋》2008年第3期。

史寶龍：〈清末中國對日本法學的引進〉，《歷史教學》2006年第3期。

粟多樹、楊德才：〈西方科技在中國近代傳播的途徑分析〉，《科技管理研究》2004年第2期。

孫季萍、王軍波：〈清末報律：在創新和守舊的夾縫中〉，《政法論叢》2001年第5期。

孫瑞祥：〈對傳播技術作用力的社會學認識〉，《北京理工大學學報》（社科版）2002年第3期。

唐興霖：〈制度創新：主體、過程和途徑的探討〉，《西南師範大學學報》（哲社版）1997年第1期。

唐興霖：〈制度資源‧制度短缺‧制度創新〉，《學術研究》1996年第11期。

田露汶：〈電報進入晚清朝廷〉，《紫禁城》2004年第6期。

田玉倉：〈近代印刷術的主要特徵、形成時間及對傳入的影響〉，《北京印刷學院學報》1996年第1期。

童兵：〈論傳媒技術與內容需求的互動〉，《新聞記者》2006年第3期。

王本朝：〈從晚清到五四：中國文學轉型的制度闡釋〉，《福建論壇》（人文社科版）2006年第6期。

王鶴亭，蘇全有：〈晚清中外海底電報交涉述評〉，《重慶郵電大學學報》（社科版）2007年第3期。

王鴻生：〈中國近代科學技術落後原因的研究〉，《中國人民大學學報》1993年第2期。

王敏：〈「中間地帶」：晚清上海報人與立憲運動〉，《學術月刊》2003年第11期。

王明科：〈中國文化現代化與現代性研究中的五大弊病〉，《河北學刊》2005年第2期。

王潤澤：〈技術、制度與新聞的互動〉，《國際新聞界》2007年第11期。

王希鋒：〈第一次直奉戰爭前的電報戰〉，《遼寧師範大學學報（社科版）》2008年第2期。

王小蓉：〈道教與我國早期雕版印刷術關係淺探〉，《宗教學研究》2005年第2期。

王忠民、高樹枝：〈制度和技術共同決定論〉，《人文雜誌》1997年第3期。

韋森：〈哈耶克式自發制度生成論的博弈論詮釋〉，《中國社會科學》2003年第6期。

韋森：〈斯密動力與布羅代爾鍾罩〉，《社會科學戰線》2006年第1期。

鄔焜：〈論人類信息活動方式與文明形態、價值觀念變革的一致性〉，《重慶郵電大學學報》（社科版）2007年第1期。

吳果中：〈中國近代畫報的歷史考略——以上海為中心〉，《新聞與傳播研究》2007年第2期。

吳廷俊，韋路：〈傳播技術的演進模式及其與社會的互動關係〉，《河南社會科學》2008年第1期。

吳燕：〈晚清上海印刷出版文化與公共領域的體制建構〉，《江海學刊》2004年第1期。

吳予敏：〈傳播學知識論三題〉，《深圳大學學報》（人文社科版）2001
　　　年第6期。

項翔：〈劃時代的傳播革命──有線電報的發明及其對社會歷史的作
　　　用〉，《歷史教學問題》1996年第1期。

肖三、王德勝：〈從傳播技術視角解讀文化的發展──兼論李約瑟難
　　　題〉，《科學技術與辯證法》2005年第2期。

肖燕雄：〈我國近現代新聞法規的變遷（1906-1937）〉，《二十一世
　　　紀》（網路版）2008年第6期。

謝詠梅：〈制度的「路徑依賴」對中國近代技術發展的影響〉，《學術
　　　交流》2006年第5期。

辛景亮：〈如何理解文化的民族性和文化民族主義〉，《教學與研究》
　　　1998年第5期。

徐桂權：〈傳播圖景中的制度──由英尼斯的媒介理論談起〉，《國際
　　　新聞界》2004年第3期。

徐國亮，武中哲：〈社會變遷中的科學技術及其後現代反思〉，《學
　　　海》2006年第5期。期。

徐沛，周丹：〈早期中國畫報的表徵及其意義〉，《文藝研究》2007年
　　　第6期。

徐松榮：〈論鴉片戰爭前後的「更法」與「借法」〉，《廣東社會科學》
　　　2006年第1期。

許紀霖：〈重建社會重心：近代中國的「知識人社會」〉，《學術月刊》
　　　2006年第11期。

許仲舉：〈制度創新：動力與阻力〉，《延安大學學報》（社科版）2006
　　　年第1期。

楊奎松：〈歷史研究的微觀與宏觀〉，《歷史研究》2004年第4期。

楊敏：〈「活著的過去」和「未來的過去」〉，《學習與實踐》2007年第
　　　11期。

楊念群：〈「地方性知識」、「地方感」與「跨區域研究」的前景〉，《天津社會科學》2004年第6期。

葉繼紅，雷德森：〈科學技術的社會變遷：一個社會學的分析〉，《科學管理研究》2004年第5期。

衣俊卿：〈論中國現代化的文化阻滯力〉，《學術月刊》2006年第1期。

殷莉：〈中國第一部新聞法考證〉，《當代傳播》2007年第6期。

尹伊文：〈「制度決定論」的神話〉，《讀書》2008年第7期。

於沛：〈歷史學的「界限」和歷史學的界限何以變得越來越模糊了〉，《歷史研究》2004年第4期。

遠德玉：〈技術過程論的再思考〉，《東北大學學報》（社科版）2003年第6期。

約翰‧斯道雷：〈文化研究中的文化與權力〉，《學術月刊》2005年第9期。

詹姆斯‧馬奇，約翰‧奧爾森：〈新制度主義：政治生活中的組織因素〉，《經濟社會體制比較》1995年第5期。

張昆：〈媒介發展與政治文明〉，《新聞大學》2006秋季號。

張茂元：〈近代珠三角繅絲業技術變革與社會變遷：互構視角〉，《社會學研究》2007年第1期。

張偉：〈關於傳媒倫理問題的制度學思考〉，《湖北民族學院學報》（哲社版）2005年第3期。

張小莉：〈《大清著作權律》述論〉，《學術研究》2005年第9期。

張旭昆：〈制度的定義與分類〉，《浙江社會科學》2002年第6期。

張宇燕：〈利益集團與制度非中性〉，《改革》1994年第2期。

張仲民：〈從書籍史到閱讀史——關於晚清書籍史／閱讀史研究的若干思考〉，《史林》2007年第5期。

趙建國：〈1905-1912年《申報》對革命的態度演變〉，《廣西社會科學》2004年第8期。

趙靖偉、司漢武：〈關於制度的社會學研究綜述〉，《西北農林科技大
　　學學報》（社科版）2008年第2期。

趙曉耕、崔銳：〈從《申報》看清末傳媒對法制進步的影響〉，《浙江
　　學刊》2007年第1期。

趙曉蘭：〈十九世紀傳教士中文報刊的歷史演變及其近代化進程〉，
　　《世界宗教研究》2008年第1期。

趙旭東、盧曉光：〈超越本土化：反思中國本土文化建構〉，《社會學
　　研究》2001年第6期。

趙旭東：〈制度如何思考？〉，《西北民族研究》2007年第4期。

鄭大華：〈西學東漸：晚清從封閉走向開放的橋樑〉，《河北學刊》
　　2006年第6期。

周德倉：〈歷史語境中的中國藏語報刊〉，《新聞與傳播研究》2008年
　　第2期。

周忍偉：〈內地城市近代報刊興起與大眾傳媒發展特徵〉，《華東理工
　　大學學報》（社科版），2004年第3期。

周彥：〈最早編印白話教科書的彪蒙書室〉，《鍾山風雨》2007年第3期。

莊炯濤、張曉妹：〈制度創新與技術創新的分析和思考〉，《技術經
　　濟》2007年第6期。

鄒薇、莊子銀：〈制度變遷理論評述〉，《國外社會科學》1995年第7期。

三　其它資料

《點石齋畫報》
《東方雜誌》
《大公報》
《申報》

《時務報》

《萬國公報》

《上海圖書館館藏中文報紙目錄》

陳友政：《編輯出版辭典》（北京市：北京科學技術出版社，1988年）。

劉哲民：《近現代出版新聞法規彙編》（上海市：學林出版社，1992年）。

邱沛篁、吳信訓等：《新聞傳播百科全書》（成都市：四川人民出版社，1998年）。

金炎午：《編輯出版印刷發行知識大全》（瀋陽市：遼寧人民出版社，1992年）。

史和、姚福申、葉翠娣：《中國近代報刊名錄》（福州市：福建人民出版社，1991年）。

方漢奇、李矗：《中國新聞學之最》（北京市：新華出版社，2005年）。

故宮博物院明清檔案部：《清末籌備立憲檔案史料》（北京市：中華書局，1979年）。

丁守和：《辛亥革命時期期刊介紹》（北京市：人民出版社，1987年）。

黃鴻壽：《清史紀事本末》（上海市：上海書店出版社，1986年）。

黃天鵬：《新聞學刊全集》（上海市：上海書店出版社，1990年）。

李天綱編校：《萬國公報文選》（北京市：生活・讀書・新知三聯書店，1998年）。

戚其章：《中國近代史資料叢刊續編・中日戰爭》（北京市：中華書局，1996年）。

宋原放：《中國出版史料（近代部分）》（武漢市：湖北教育出版社，2004年）。

孫毓棠：《中國近代工業史資料（第一輯）》（北京市：科學出版社，1957年）。

夏新華等整理：《近代中國憲政歷程：史料薈萃》（北京市：中國政法
　　　大學出版社，2004年）。

徐載平等：《清末四十年申報史料》（北京市：新華出版社，1988年）。

郵電史編輯室：《中國近代郵電史》（北京市：人民郵電出版社，1984
　　　年）。

張靜廬輯注：《中國現代出版史料甲編》（北京市：中華書局，1954
　　　年）。

張靜廬輯注：《中國近代出版史料初編》（北京市：中華書局，1957
　　　年）。

張靜廬輯注：《中國近代出版史料二編》（北京市：中華書局，1957
　　　年）。

張靜廬輯注：《中國出版史料補編》（北京市：中華書局，1957年）。

張靜廬輯注：《中國現代出版史料丁編》（北京市：中華書局，1959
　　　年）。

張星烺，朱傑勤編注：《中西交通史料彙編》（北京市：中華書局，
　　　2003年）。

中國科學院近代史研究所史料編輯室，中央檔案館明清檔案部編輯
　　　組：《洋務運動》（上海市：上海人民出版社，1961年）。

中國史學會：《太平天國》（上海市：上海人民出版社，1957年）。

中國史學會：《鴉片戰爭》（上海市：上海人民出版社，1962年）。

朱壽朋：《光緒朝東華錄》（北京市：中華書局，1958年）。

Wolfgang Donsbach ed., The International Encyclopedia of Communication
　　　(Volume I-XII). Blackwell Publishing Ltd., 2008.

後記[*]

　　周星馳曾說，逗大家笑和思考如何逗大家笑是很有意義的。他是幸運的，因為他總可以做一些有意義的事情。在書的最後我想說我也是幸運的，因為在工作十年之後還能有機會進入大學校園享受美好的讀書時光。

　　不過，讀書的樂趣並沒有消減寫作的難度，寫作過程中遇到的困難遠甚於預想。書中試圖從不同的視角切入，使原來以革命、政治、經濟等為焦點的分析，讓位於技術這個出發點。在反思如何將媒介技術與傳媒制度有機勾連的時候，我儘量避免將其湊成一個理想化的文化合成模型——因為這樣一來勢必過度詮釋其關聯性和一致性，但知易行難，在具體行文中是否遠離了這種危險，自己的底氣遠遠不足。

　　寫作過程中翻閱了頗多的史書，也查找了細瑣的資料，可探賾索隱之後心中往往泛起一種無中生有的感覺。書中的引用，雖多有據可查，但經由資料的串連和編織而出現的這個文本，不能不說是一種「自我創造」。十九世紀以及二十世紀初發生的事離今天也不算太遠，但毋庸置疑的是，自己如知識的稗販一般在圖書館或辦公室中閉門造車的過程，恐怕仍是對異時異地或人或事的一種未必真切的想像。

　　我想說自己是幸運的更因為這些年在校園內外有幸結識了諸位師友，得到了太多人的幫助。

　　塵世需明今古意，出師莫忘育花人。能夠師從戴元光教授和朱存

---

*　編案：本文為簡體字版之後記。

明教授是一種緣分，更是我三生之幸。戴元光先生睿智豁達，博學多才，不嫌我愚鈍而將我收至門下。先生居高自遠，經常從繁忙的工作中抽出時間予以學術上的誨教，三言兩語便讓人茅塞頓開。朱存明先生遍覽群書，學識崇博，治學嚴謹，不僅為我開列閱讀書目，指點學習方法，還鼎力支持我參與各種學術活動。即使畢業工作後，兩位先生對我仍十分關心，他們的恩情無以言表，唯有深銘在心。

風吹耳畔師尊語，月掛梢頭學子心。丁淦林教授、金冠軍教授、鄭涵教授、許正林教授、吳信訓教授、張詠華教授等諸位老師啟我於冥頑，惠我如春風。他們嚴謹踏實的治學態度，精益求精的工作作風，誨人不倦的師道品格，耐心細緻的言傳身教，都深深地激勵著我。也要感謝浙江大學邵培仁教授、復旦大學黃旦教授、武漢大學單波教授、華東師範大學嚴三九教授、中國傳媒大學陳衛星教授、復旦大學殷曉蓉教授、上海外國語大學郭可教授、北京外國語大學田辰山教授等各位老師，他們或在本書的形成過程中從不同角度、不同形式提出了精審的意見，或在查找資料的過程中提供了莫多的指導與幫助。

校內繁花幾度紅，相逢一見太匆匆。結識了徐托、丁德惠、蔣繼華、郝敬波、梁成功、李萍、陳鵬、季傑、王光海、張春龍、周濤、周春發、徐紅、李曉梅、潘國美、杜梅、劉輝、劉祥、董敬畏、戴榆、吳小永、司文等志趣相投的朋友和尤紅斌、尤游、趙為學、韓瑞霞、許建、周鴻雁、倪琳、邵靜、孫健、李敬等諸多同門亦是我這些年來的重要收穫。雖然不能在這裏一一寫下他們的名字，但在心底永遠感謝他們陪伴我度過了人生中一段快樂的時光。

博士畢業後來到浙江師範大學兒童文化研究院工作，這裏優美的自然環境和融洽的人文氛圍為我構築了一個良好的工作平臺，方衛平教授、劉宣文教授、田中初教授、慈波博士、王國均博士、仇秋生教授給予了很多關心與幫助，使我剛到陌生之地內心依然倍感溫暖。與

研究院各位同事的交流常攜彌漫的茶香，大家縱論天下，時事學問，暢所欲言，雖無觥籌交錯之喧嘩，卻在輕鬆盡興中開闊了我的視野，豐富了我的學識。

特別要感謝的是馬元連先生，從考研後得以成行到博士畢業之後，馬先生屢屢在關鍵時刻給予我莫大的幫助，藉此機會表示最真誠的謝意！

還要感謝的有徐金城先生、徐慶國先生、王美林先生、楊淑娟女士、汪會女士、蔡桂如先生、常康先生、費元汀先生、李慧祥先生、孫再明先生、劉祥豐先生、高建寧先生、袁光華先生、徐志成先生、黃彬先生、殷凱彬先生等人，他們幫我解決了許多工作和生活上的煩擾，使我能將精力更多地集中於學業。

鞠景如先生、李其社先生、高桂明先生、董明先生、陳文奇先生、黃應龍先生、劉明榮先生、丁國旺先生、吉友山先生、薛義河先生、劉峻先生、張虎林先生、陸曙堂先生、申明秀先生、程忠良先生、陳士武先生諸君是交往多年的朋友，他們的友情如蘭芝之馨，清香而幽遠，一路陪伴著我，使得我能在挫折面前重新振作，繼續前行。

不能不提及的是伯父陳延先生。伯父勤奮進取、事業有成，同時還不忘敦促和勉勵後輩。從十四歲考入中師到二十年後博士畢業，整整二十年的時光我一直行走於南北奔忙於學業，伯父在身後的支持從來沒有缺位。

最後還要感謝我的父母、岳父母和妻女，感謝他們生活上對我的照顧和精神上對我的鼓勵。沒有他們的支持，要完成這本書稿是難以想像的。妻子翟愛梅一貫任勞任怨，持家有道，在我讀書期間，獨自承擔了一個家庭裏裏外外的大事和瑣事，幫助我解決了學習和工作的一大半牽掛。女兒陳詩凡的健康成長也讓我格外欣慰，這是一種生命繼承的快樂，給了我源源不竭的前進動力。

　　本書得以順利出版特別要感謝上海交通大學出版社的編輯黃強強先生，他的熱忱和細心使我的感謝難以言表。當然還要感謝上海交通大學出版社其它參與本書編審的編輯與工作人員，在此一併致以深深的謝忱。

中華文化思想叢書 A0100025

晚清媒介技術發展與傳媒制度變遷　下冊

作　　者	陳鋼	
責任編輯	蔡雅如	

發 行 人	陳滿銘
總 經 理	梁錦興
總 編 輯	陳滿銘
副總編輯	張晏瑞
編 輯 所	萬卷樓圖書股份有限公司
排　　版	林曉敏
印　　刷	百通科技股份有限公司
封面設計	斐類設計工作室

出　　版　昌明文化有限公司

桃園市龜山區中原街 32 號

電話 (02)23216565

發　　行　萬卷樓圖書股份有限公司

臺北市羅斯福路二段 41 號 6 樓之 3

電話 (02)23216565

傳真 (02)23218698

電郵 SERVICE@WANJUAN.COM.TW

大陸經銷

廈門外圖臺灣書店有限公司

　　電郵 JKB188@188.COM

ISBN 978-986-92898-5-6

2016 年 4 月初版

定價：**新臺幣 280 元**

如何購買本書：

1. 劃撥購書，請透過以下郵政劃撥帳號：

   帳號：15624015

   戶名：萬卷樓圖書股份有限公司

2. 轉帳購書，請透過以下帳戶

   合作金庫銀行 古亭分行

   戶名：萬卷樓圖書股份有限公司

   帳號：0877717092596

3. 網路購書，請透過萬卷樓網站

   網址 WWW.WANJUAN.COM.TW

大量購書，請直接聯繫我們，將有專人為您

服務。客服：(02)23216565 分機 10

如有缺頁、破損或裝訂錯誤，請寄回更換

版權所有·翻印必究

Copyright©2016 by WanJuanLou Books CO., Ltd.

All Right Reserved　　　　　**Printed in Taiwan**

國家圖書館出版品預行編目資料

晚清媒介技術發展與傳媒制度變遷 / 陳鋼著.

-- 初版. -- 桃園市：昌明文化出版；臺北

市：萬卷樓發行, 2016.04

　冊；　　公分. -- (中華文化思想叢書)

ISBN 978-986-92898-5-6(下冊：平裝)

1.大眾傳播 2.媒體管理 3.清代

541.83　　　　　　　　　　105003043

本著作物經廈門墨客知識產權代理有限公司代理，由上海交通大學出版社有限公司授權萬卷樓圖書股份有限公司出版、發行中文繁體字版版權。